Klamauk, Klamauk

oder

Der Bräutigam aus Holland

Von Kotzebue in der Provinz

Klamauk, Klamauk oder Der Bräutigam aus Holland

von Kotzebue in der Provinz

Theaterstück unter Verwendung des neuentdeckten Einakters von August von Kotzebue „Der Bräutigam aus Holland"

von
Christoph Kaiser

Impressum

Copyright: Christoph Kaiser

Jahr: 2020, 3. veränderte Auflage 2021

ISBN: 9789463980142

Illustrationen: Christoph Kaiser

Covergestaltung: Christoph Kaiser

Verlagsportal: bookmundo.de

Gedruckt in Deutschland

Portrait v. Kotzebues aus: Theater, Wien und Leipzig 1840
Illustrationen aus: Das Heller Magazin, Leipzig 1843; und
V. Hoffmann: Deutschland und seine Bewohner, Bd. 2, 1834;
Seiten aus der originalen Handschrift

Die Deutsche Nationalbibliothek verzeichnet diese Publikation in der Deutschen Nationalbibliografie

Personen:

In der Jetztzeit:
Regisseur Kastasjan
Konrad
Lisa
Konstantin
Florentine
Gotthold
Anja
Antonia, Regieassistentin
Theaterbesucherin 1
Theaterbesucherin 2
Theaterbesucherin 3
Theaterbesucherin 4
Regina Schwarz-Unverhoft-Weiß aus Berlin

Im Einakter:
Josephine Plum
Vater Plum
Diener Klaas
van der Husen

In necessariis unitas
In dubiis libertas
In omnibus caritas

August von Kotzebue

Am Ostnordwestdeutschen Landtheater Süd in Badenhaupt, das im Umland von Hannover liegt, probt das Ensemble unter Leitung des in seinen Augen genialen Regisseurs Gregorij Kastasjan ein neues Stück. Kastasjan stammt aus Kargistastan, dem kleinen Land zwischen dem Iran und Persien, und fiebert seiner ersten Regiearbeit in Deutschland entgegen. Entsprechend nervös ist der arme Kerl, bitte haben Sie Verständnis. Es reicht wohl, wenn er sein eigenes Ensemble in den Wahnsinn treibt. Bleiben Sie also entspannt.
Durch einen fast unglaublichen Zufall, den so wohl nur das Leben und das Internet ermöglichen können, widmet er sich bei seiner Premiere gleich einem in der realen Welt außerhalb des Theaters erst kürzlich aufgetauchten Manuskript mit einem bis dato in dieser Form unbekannten Einakter von August von Kotzebue, eines Zeitgenossen und Bekannten Johann Wolfgang Goethes aus dessen Weimarer Zeit.
Interessanterweise hat von Kotzebue diesen Einakter niemals unter dem Titel ‚Der Bräutigam aus Holland' herausgebracht; er wurde, soweit das heute bekannt ist, auch noch nie aufgeführt; sondern er findet sich in allen seinen Teilen, allerdings stark eingearbeitet, in den Szenen Sechs bis Neun des zweiten Aktes und Szene Zehn und Elf des dritten Aktes des Lustspieles „Armuth und Edelsinn" aus dem Jahre 1795.

In ‚Klamauk, Klamauk' finden Sie deshalb auch erstveröffentlicht den Wortlaut des originalen von-Kotzebue-Einakters, der im Rahmen dieses Stückes ausgerechnet in Biedenkopf vermutlich real welturaufgeführt wurde.

Armuth und Edelsinn.

Ein Lustspiel

in drei Aufzügen.

Erschien 1795.

Szene 1

Strahler auf die Bühnenseite.

Antonia *betritt die Bühne, sieht sich um, schlägt ihr Textbuch auf und liest kurz darin. Sieht sich noch einmal um:* Wie soll das hier denn alles reinpassen? Dem Kastasjan ist doch die Phantasie durchgegangen. Ein komplettes Biedermeierzimmer? Dafür ist hier doch gar kein Platz? Nein, nein, da müssen wir abspecken. Nur das Nötigste. Aber wie bringe ich dem das bloß bei? *Sieht sich noch einmal um, sieht nochmal im Textbuch nach, sieht sich noch einmal um und geht kopfschüttelnd ins Textbuch vertieft ab.*

Volles Bühnenlicht.

Von der anderen Seite drängt das ***Ensemble*** *um die aufgeregte* ***Florentine*** *auf die Bühne.* ***Florentine*** *trägt auf einem Arm krampfhaft einen Stapel Textbücher und wedelt aufgeregt mit einem Buch herum.*

Florentine: Hat sich einer von euch schonmal durchgelesen, was der Kastasjan will, dass wir jetzt spielen? Von Kotzebue hat er ausgegraben, von Kotzebue! Und dann auch noch so was hier! Unfassbar! *Wirft alle Textbücher bis auf das Einzelne zornentbrannt auf den Boden.*

Konrad: Jetzt beruhige dich erstmal. Nein, ich hab noch nicht reingesehen. Was ist es denn?

Gotthold *betrachtet die Textbücher auf dem Boden*: Sieht nach einem Theaterstück aus.

Anja: Was du nicht sagst!

Florentine: Naja, als Theaterstück kann man den Schund auch bezeichnen, wenn man denn unbedingt will.

Lisa: Wenn du es für Schund hältst, könnte es mir gut gefallen. Immerhin weiß ich, was für eine umfassende Ahnung du von wirklich guten Stücken hast.

Konrad: Lasst mal gut sein, ihr seid beide keine wahren und verkannten Goethinnen.

Gotthold: Nein, nicht wirklich.

Lisa: Also, ich habe ja wohl mehr Ahnung von gutem Theater als die da! Immerhin habe ich es studiert!

Anja: Studiert? Du Wölfchen im viel zu großen Schafspelz. Ich dachte, du hast noch nicht mal Abi? Meinst du mit studiert vielleicht deine Hilfstätigkeiten am Theater in Baden-Baden? Als zweite Inspizientin? Und als Photographin für die Homepage? Ist das jetzt schon ein Studium?

Lisa: Ja und? Immerhin in Baden-Baden! Also deutlich mehr als du. Du hast auch kein Abi und bist eigentlich von den Rollen her über das zweite Schaf von links beim Krippenspiel nie hinausgekommen. Also reiß hier nicht so die Klappe auf!

Florentine: Ach Anja, hör ihr doch zu. Sie ist ein leerer Schafspelz, ganz ohne Wolf.

Lisa: Was bin ich? Ich habe mit großen Regisseuren gearbeitet! Ich war im Gespräch für große Rollen an berühmten Häusern!

Anja: Glaub mir, wenn *du* da anrufst und *die* sagen ‚*Wir* melden uns, rufen Sie uns *nicht* an!' und ‚Ach *die* schon wieder', *reden* die zwar über dich, aber du bist nicht im Gespräch.

Lisa: Das ist ja wohl die Höhe!

Gotthold: Was für ein Klamauk! Das soll ein Theater sein? Kindergarten. Der reine Kindergarten.

Konrad: Klamauk? Was ist hier Klamauk? Obwohl: Du hast ja auch schon mal ein sogenanntes Stück geschrieben, das war ja tatsächlich Klamauk. Ich entschuldige mich und erkenne an: Du hast sicher recht, denn für Klamauk bist du Fachmann. Bitte sag Bescheid, wann dein Erstlingswerk endlich uraufgeführt wird. Ich will mir für den Abend was anderes vornehmen.
Können wir uns dann mal um das Stück kümmern? Was ist denn nun daran so schlimm?

Konstantin *zu Florentine*: Muss ja ganz übel sein, wenn du so rumbrüllst.

Florentine: Ja, es ist übel. So was spiele ich nicht!

Anja: Kannst ja gehen. Deinen Platz nehmen zehn andere, die

kein Engagement haben, sofort mit Kusshand. Dumme Kuh.

Lisa: Beleidige bitte keine Tiere!

Antonia *trägt den Regiesessel herein*: Was ist denn hier los? Gibt es eine Revolte? Das Stück etwa schon gelesen?

Konstantin: Ach quatsch, nur eine rein reinschnuppernde Beschäftigung mit dem neuen Stück. Wir möchten erstmal.... reinschnuppern. Wie gesagt.

Antonia *klappt den Sessel auf, setzt sich hinein:* Naja, da bin ich mal gespannt. Ich hab's schon gelesen. Mal sehen, was ihr dazu sagt.

Florentine: Es ist ein Stück aus dem späten 18. Jahrhundert! Von August von Kotzebue! Ein Kostümstück! Wir sollen in Kostüm spielen! Naturalistisch! Historistisch!

Gotthold: Na, danke, was soll das denn für ein Niveau sein! Vielleicht sogar noch ganz ohne politische Botschaft? Einfach ein Theaterstück? Klassisch? Nicht modern?

Antonia: Kastasjan hat zu mir gesagt, Streichungen verderben das Original, wenn es so vollkommen ist, wie dieses Stück.

Gotthold: Ein von Kotzebue? Vollkommen? Spinnt der?

Antonia: Was fragst du mich das? Er liebt die deutsche Klassik in ihrer ursprünglichen Form, so, wie er es in Kargistastan gelernt hat. Unverfälscht, unverändert.

Lisa: Eben! Nichts gestrichen, nichts interpretiert, einfach nur spielen wie im Biedermeier! Den ganzen Text! Quasi als *ein* durchdachtes Stück aus einem Guss! Mit einer eigenen Idee dahinter, die dem Denken unserer Zeit vielleicht sogar widerspricht!

Anja: Eine Zumutung! Danach bekomme ich kein Engagement mehr für eine ernsthafte Inszenierung! Nirgends!

Konrad: Hoffentlich sehen das nicht die falschen Leute! Wenn das so weitergeht, dann kommen am Ende noch Zuschauer ins Theater, um Spaß zu haben, nicht um sich belehren zu lassen. Die denken dann noch, die Autoren anderer Zeiten hätten fast schon ein Recht darauf, andere Gedanken zu denken als wir heutigen! Das könnte man als generelles Recht auf Meinungsfreiheit missverstehen!

Anja: Das ist ja finstertes geistiges Mittelalter! Mehr als *eine einzige* richtige Meinung, nämlich die heutige! Also so was spiele ich auch nicht. Das ist provinzieller Klamauk!

Antonia *sieht Kastasjan kurz vorübergehen, erschrickt, klappt den Regiesessel zusammen und trägt ihn schnell von der Bühne:* Upps, das wäre fast ins Auge gegangen. Ich auf dem geheiligten Sessel. *Schnell mit dem Sessel ab.*

Alle anderen *versteinern angesichts des Regisseurs; sobald er abgegangen ist, weitere Diskussion.*

Konstantin: Naja, gleich provinziell! Das geht dann doch zu weit. *Tritt nach vorne, blickt über das Publikum, als wolle sie zur Revolution aufrufen:* Man kann es auch als interessantes

Experiment sehen. Wie das moderne Publikum auf diese ungeheuerliche Zumutung reagiert. Unzeitgemäße Gedanken in unzeitgemäßem Gewand auf die Bühne gebracht, dem gebildeten Publikum von heute einfach so hingeworfen. Das wäre, als würde man einfach den Text von Shakespeare spielen, nur weil man … halt … ein Stück von Shakespeare spielt. Nicht *unsere* Interpretation, sondern den *Autor*, geradezu so als ob *der* sich was bei seinen Stücken gedacht hätte. Und als müssten *wir* nicht alles erst interpretieren, damit es einen Sinn erhält. Den Autor in seinem Stück finden. Oder so. Ganz reaktionär-revolutionär. Ich finde das herausfordernd!

Gotthold: Immerhin war von Kotzebue ein Bekannter des Geheimrats Goethe und sein direkter Konkurrent. Das ist doch was.

Anja: Goethe, Kotzebue, 18. Jahrhundert. Also was Klassisches, schon scheiße. Bestimmt ungegenderte Sprache; man muss Hintergrundwissen haben, um die Szene aus ihrer Zeit zu verstehen und man soll den Ideen des Autors folgen. Altmodischer Stuss!

Florentine: Ach, ihr habt doch alle keine Ahnung. Es ist ja noch viel schlimmer! Aber Anja ist schon auf dem richtigen Weg.

Konstantin: Dann lass doch mal sehen!

Alle außer **Florentine** und **Konstantin** *bücken sich nach den Textbüchern.*

Florentine *drückt Konstantin heftig ein aufgeschlagenes*

Textbuch in die Hand, zeigt wild auf den Text. Da, dann lies doch mal was vor von dem Mist da!

Lisa: Genau, dann können wir uns alle ein Bild machen.

Gotthold: Und zwar ein richtiges.

Anja: Wollen wir das wirklich?

Konrad: Lass erstmal schauen.

Anja *schließt die Augen:* Legt los. Ich sehe es vor mir: Biedermeier, Kostüme mit Rüschen, Tischelchen, Stühlchen, alles ganz süß bis süßlich. Ich schmecke rosa und fliedergrün.

Konstantin: Was ein Kitsch! *Liest vor*:

*(Bühnenbeleuchtung aus, Scheinwerfer auf die Bühnenhälfte mit dem Einakter an. Dort steht nur eingefroren **Josephine.** Die Personen des Ensembles treten nach kurzer Zeit sehr leise ab.*
*Sobald die Ensemblemitglieder abgetreten sind, erwacht Josephine und der Einakter beginnt, das Licht der Hauptbühne geht an und die Personen dort spielen den Einakter auf der vollen Bühne. **Konstantin** liest die Rollen vor. Nur die Szenennummern werden nicht vorgelesen. Erst gegen Ende kehrt das Ensemble auf die eine Seite zurück, ab. Ab dem Trallalla (Hauptlicht aus, Strahler auf die Liebenden) auf Seite 46 treten alle Jetztzeitigen des Szenenanfangs leise und unbemerkt wieder auf dem dunklen Rand der Bühne auf und nehmen die exakt selben Positionen ein, in denen sie hier zuletzt im Licht zu sehen waren.*

<u>Der Bräutigam aus Holland</u> Einakter von August von Kotzebue

Personen

Peter Plum, ein reicher Kaufmann

Josephine, seine Tochter

Van der Husen, ein junger Holländer

Klaas, Plums Bedienter

Ein Zimmer mit Toilette

1. Szene
   Josephine, dazu Klaas

Klaas: Draußen im Vorzimmer steht ein fremder Herr.

Josephine: Bitte ihn sich niederzulassen.

Klaas: Er will hereinkommen.

Josephine: So mach ihm die Türe auf.

Klaas: *Will ab.*

Josephine: Warte noch. Wie sieht der Fremde aus?

Klaas: Wie eine Mannsperson.

Josephine: Ist er alt oder jung?

Klaas: Zum Lottobuben[1] ist er viel zu alt und zum Papst viel zu jung.

Josephine: Wie trägt er sich?

Klaas: Lustig. Windig.

Josephine: Spricht er viel?

Klaas: Nein, er singt.

Jos.: Er singt?

Klaas: Und pfeift.

Jos.: So sag ihm, wir hätten Kanarienvögel genug im Hause.

Klaas: Wohl. *Will ab.*

Jos.: Bleib, Eulenspiegel.

Klaas: Ich bleibe.

Jos.: Wollte er mit meinem Vater sprechen?

---

[1] Ein Lottobube war wahrscheinlich eine Art Ausrufer oder Zieher bei Lotterien wie El Gordo in Spanien. (s. Peter A. Lehmann: *Historische Remarques über die neuesten Sachen in Europa*, 1707 bei wikipedia: Lotto)

Klaas: Das hat er nicht gesagt.

Jos.: Was dann?

Klaas: Er will sprechen, gleichviel mit wem.

Jos.: Ein drolliger Kautz! --- Lass ihn herein kommen.

Klaas: *geht ab.*

Jos.: *tritt schnell vor den Spiegel und bessert ihren Kopfputz etc.:* Eine fremde Mannsperson ? Da muss man sich in die Brust werfen – um zu gefallen! Das eben nicht – aber doch! Der Soldat stellt sich in Positur, wenn ein Offizier vorbeigeht. Und das Mädchen sieht geschwind ein paar Mal in den Spiegel, wenn eine Mannsperson hereintritt. ----- Da ist er!

2.Szene

Van der Husen, Josephine

V: d: Husen: Mein schönes Kind, ich wünsche Ihnen einen guten Morgen!

Jos.: Mein Herr, es ist schon Mittag vorüber!

V: d: Husen: Der Morgen dauert, solange man jung und hübsch ist, und wahrhaftig! Bei Ihnen ist die Sonne kaum aufgegangen.

Jos.: Sehr galant. Darf ich fragen...

Husen: Wer ich bin? Ich bin ein armer Teufel.

Jos.: Aber die armen Teufel haben gewöhnlich auch Namen!

Husen: Es wäre ebenso gut, wir hätten keinen. So bliebe den Reichen weniger zu vergessen übrig. Indessen heiße ich Peter Flock, zu Ihrem Befehle.

Jos.: Und Ihr Charakter?

Husen: Ich bin ein ehrlicher armer Teufel.

Jos.: Das glaub ich gerne, aber .... *zur Seite:* Der Mensch bringt mich aus der Fassung. *Laut:* Den Titel, wollt ich sagen.

Husen: Für die Mannspersonen bin ich Herr Flock, und für die Damen ein gehorsamer Diener Flock, schlichtweg. Wer mir eine Freude machen will, der nennt mich lieber Flock.

Jos.: Also, Herr Flock?

Husen: Ihr wollt mir keine Freude machen, wie es scheint.

Jos.: Mein Gott! Wer kann allen Menschen Freude machen?

Husen: Hm, das muss Ihnen ziemlich leicht werden.

Jos. *bei Seite:* Ein drolliger Mensch.

Husen: Sie haben mich um meinen Namen gefragt. Wenn wir noch in der Zeit der Nympfen, Najaden, Sylphiden u. s. w. lebten, so würde ich den Ihrigen erraten. Da ich aber ein guter

Christ bin, so bitte ich ….

Jos.: Ich heiße Louise Rose, und bin eines armen Predigers Tochter, die hier im Hause als Gesellschafterin wohnt.

Husen: Rose? Sie sollten Rosenknospe heißen. Und arm, sagten Sie?

Jos.: Sehr arm.

Husen: Das freut mich.

Jos.: Vermutlich um des Sprichworts willen: Gleich und gleich gesellt sich gern?

Husen: Ich müsste sehr eitel sein, wenn ich meiner Armut willen mich für Ihres Gleichen hielte.

Jos. *etwas verwirrt:* Sie haben vielleicht Geschäfte mit dem Herrn Plum.

Husen: Mit ihm selbst wenig, aber mit seiner Tochter.

Jos.: Mit seiner Tochter?

Husen: Ja, ich bin gekommen, sie zu heiraten.

Jos.: So?

Husen: Herr Plum und mein Vater sind zusammen in die Schule gegangen, und da – meint meine Mutter – könnten die Kinder wohl zusammen in die Ehestands-Schule gehen.

Jos.: Meint Ihre Frau Mutter? Ei!

Husen: Es mögen nur ohngefähre 4 Wochen sein, da sagte sie eines Abends zu mir: Peter, du bist ein armer Junge, du musst dein Glück durch eine reiche Heirat machen.

Jos.: Sehr vernünftig.

Husen: Sehr mütterlich wollen Sie sagen. Da ist der Herr Peter Plum – fuhr sie fort – deines seligen Vaters alter Schulfreund, der soll eine allerliebste Tochter haben ....

Jos.: Allerliebst? Worauf bezieht sich das?

Husen: Bei meiner Mutter auf das Geld, bei mir auf die Person. Sie werden mir am besten sagen können, ob wir vielleicht beide Recht haben.

Jos.: Ich kenne Josephine wie mich selbst.

Husen: Ist sie hübsch?

Jos.: Wenn sie in ihren Spiegel sieht, so glaubt sie es.

Husen: Das glaubt eine jede von sich, und Keine von der Anderen. Gleicht sie Ihnen?

Jos.: Sie ist nicht hässlicher als ich.

Husen: Das ist mir lieb. Hat sie Verstand?

Jos.: Nicht so viel als nötig ist, um zu schweigen.

Husen: Das wäre auch zu viel gefordert. Liest sie gern?

Jos.: Sechs Tage in der Woche Romane, und am Sonntage eine Predigt.

Husen: Das ist mir nicht lieb. Besucht sie das Schauspiel fleißig?

Jos.: O ja!

Husen: Welche Stücke gefallen ihr am liebsten?

Jos.: Die Iflandschen.

Husen: Das ist mir lieb. Ist sie wirtschaftlich? Haushälterisch?

Jos.: Das ist ihr geringster Kummer.

Husen: Geizig oder freigiebig?

Jos.: Lieber Gott, wenn ich den Armen nichts gebe, so bekommen sie gar nichts.

Husen: Das ist mir nicht lieb. Ist sie still? Munter? Sanft oder lebhaft?

Jos.: Sie ist wild wie ein Satan.

Husen: Das ist mir lieb.

Jos.: Aber sagen Sie mir, mein Herr, Sie sind ein drolliger Mensch mit Ihrem lieb und nicht lieb. Wissen Sie denn auch, dass meine Freundin schon versprochen ist?

Husen: An wen?

Jos.: An einen jungen Holländer, Wilhelm van der Husen.

Husen: O, mit dem Halunken will ich wohl fertig werden, den kenn ich.

Jos.: Sie kennen ihn?

Husen: Ein steifer Pedant in einer Zopfperücke.

Jos.: O weh!

Husen: Mit einer klaren Stimme und krummen Beinen.

Jos.: O weh! O weh!

Husen: Ich verspreche Ihnen, der soll nicht heiraten, wenn ich es nicht haben will.

Jos.: Wenn auch – das wird Ihnen wenig helfen, Herr Plum sieht auf Reichtum.

Husen: Wenn die Tochter nur auf mich sieht, so bin ich schon zufrieden.

Jos.: Aber, wird sie Ihnen auch gefallen?

Husen: Wahrlich Mamsell, das ist ein ander Frage. Sie liest Romane, das ist schlimm; sie gibt den Armen nichts, das ist noch schlimmer, und endlich *mit einem halbkomischen Seufzer* je mehr ich Sie ansehe, je mehr missfällt sie mir, das ist am schlimmsten.

Jos.: Was hab‘ ich damit zu schaffen?

Husen: Schaffen, umschaffen, das sind Dinge, die ein hübsches Mädchen oft tut, ohne es zu wissen, und ohne es zu wollen.

Jos.: Sehen Sie nur erst meine Freundin, und sie werden anders urteilen.

Husen: Wohl, wohl! Das Sehen hat man umsonst.

Jos. *sich verschnappend:* Ich will Ihnen meinen Vater herschicken.

Husen: Ihren Vater!

Jos.: Meinen – meinen Pflegevater wollte ich sagen. *Will gehen.*

Husen: Halt! Halt! Noch einen Augenblick! *Er stellt sich vor sie hin und sieht ihr steif ins Gesicht:* Sie heißen Louise Rose?

Jos.: Nun freilich!

Husen: Sie könnten ebenso gut Louise Vergissmeinnicht, von der Farbe Ihrer Augen (heißen)[2], oder Louise Lilie von der

---

[2] In der handschriftlichen Fassung fehlt das Verb, in der Druckfassung von „Armuth und Edelsinn“ in „Theater“ von 1840 steht es auf Seite 68.

Farbe Ihres Busens. Aber Ihr eigentlicher Name, ohne Anspielung, ohne Sinnbild, - wollen Sie ihn wissen?

Jos.: Nun?

Husen: Für so eine zarte Schöne ist er freilich ein wenig plump, denn Sie heißen Josephine Plum.

Jos.: Woher vermuten Sie?

Husen: Ich vermute nicht, ich weiß es gewiss. Sie haben in meiner Physiognomie sogleich den Ehemann ausgespäht, und da hielten Sie es für Ihre Pflicht, mich auf der Stelle zu betrügen.

Jos.: Sie sind ein Satan! *Läuft weg.*

Husen *allein:* Bravo! – Das Mädchen gefällt mir. Da hat mein Vater, das blinde Huhn, doch auch einmal ein Korn gefunden. Mir war sehr bange, das ganze Gebäude seiner Hoffnungen würde zusammenstürzen, ob es doch gleich auf einem soliden Grunde von Dukaten erbaut war. Der Mann denkt, das Weib lenkt. – Indessen wollen wir die Larve noch ein wenig vor dem Gesicht behalten, wie die Sultane der Morgenländer, die verkleidet herumlaufen, wenn sie die Wahrheit ohne Kleid suchen.

3. Szene

v. der Husen, dazu Peter Plum

Plum: Mein Herr, ich höre von meiner Tochter, dass Sie mich zu sprechen wünschen.

Husen: Gehorsamer Diener! – Also war das Frauenzimmer, das eben von mir ging, Ihre Tochter.

Plum *empfindlich:* Meine Mamsell Louise, ja!

Husen: Ihre Mamsell Tochter, gut. Wird diese noch lange Mamsell bleiben?

Plum: Ich denke, mein Herr, das ist nicht Ihre Sorge.

Husen: Sorge? Nein, ich würde mir ein Vergnügen daraus machen.

Plum: Woraus?

Husen: Sie zur Madame umzuschaffen.

Plum: Das wird sie hurtig genug werden, ohne Sie.

Husen: O ja! Heiraten und aufhängen kommt immer zu früh.

Plum: Ich habe Geschäfte, mein Herr, und bitte sich kurz zu fassen.

Husen: Wohlan. Erinnern Sie sich noch des Namens Flock?

Plum: Flock? – Nein.

Husen: Sind Sie nicht mit einem gewissen Georg Flock in die

Schule gegangen?

Plum: Das ist wohl möglich.

Husen: Wissen Sie nicht? Bei dem dicken Konrektor mit der roten Nase?

Plum: Rot oder blau, wie es Ihnen beliebt. – Zur Sache.

Husen: Wissen Sie nicht, wie Sie mit dem nämlichen Georg Flock einmal in des Nachbars Garten Pfirsiche schmausten und der Gärtner Ihnen das sehr übelnahm?

Plum: Ich kann mich nicht besinnen.

Husen: Mein Gott, das müssen Sie ja noch wissen!

Plum: Ich sage Ihnen aber, nein, nein, nein! Ich weiß nichts davon, weder von Ihrer roten Nase noch von Ihren Pfirsichen.

Husen: Vater erinnert sich dessen noch oft.

Plum: Ihr Vater! – Wer ist Ihr Vater?

Husen: Mein Herr Vater ist der nämliche Georg Flock.

Plum: So? – Gehorsamer Diener!

Husen: Und ich bin sein Herr Sohn.

Plum: Das freut mich.

Husen: Mich auch. Denn wenn ich z.E. (*zum Exempel*) Ihr Herr Sohn wäre, so wäre ich der Sohn eines reichen Mannes. Da ich hingegen jetzt nur ein armer Teufel bin.

Plum *bei Seite:* Ich merke schon, der Kerl ist ein Bettler.

Husen: Indessen, was nicht ist, kann werden. Mein Vater lässt sich Ihnen schönstens empfehlen, und bittet Sie aus alter Freundschaft und Kameradschaft, mir Ihre Mamsell Tochter zur Frau zu geben.

Plum: Meine Tochter? – Zur Frau?

Husen: Nun freilich, wozu denn?

Plum *ganz erstaunt:* Mit einem von uns beiden ist's nicht recht richtig.

Husen: Ich spür noch nichts.

Plum: Darf ich fragen, mein Herr, welche Gattung von Ansprüchen Sie wohl machen könnten?

Husen: Welche Gattung? – Ich bin ein Mann, das sehen Sie wohl.

Plum: Weiter nichts?

Husen: Und mein Vater war Ihr Schulkamerad.

Plum: Ei was! Ich bin mit Hans und Nicklas in die Schule gegangen. Wenn ich alle Söhne meiner Schulkameraden mit meinen Töchtern versorgen sollte, so müsste ich mehr Töchter haben, als Salomon Kebsweiber zählte. Woran wollen Sie denn eine Frau ernähren?

Husen: Von Ihrem Gelde.

Plum: Sehr naiv, bei meiner armen Seele.

Husen: Was geht mich Ihre arme Seele an, wenn nur Sie reich sind?

Plum: Sie können mir einen Gefallen erzeigen.

Husen: Mit Vergnügen!

Plum: Der dicke Konrektor mit der roten Nase hat vermutlich mehrere Töchter, denn die Kirchen- und Schuldiener haben gemeiniglich viele Kinder. Suchen Sie sich dort eine aus und kommen Sie mir nie wieder über die Schwelle.

Husen: Bravo! Ich liebe die lustigen alten Leute. Mein Vater wird sich freuen, wenn er hört, dass Sie noch immer so spaßhaft sind.

Plum: Gehen Sie zum Teufel mit Ihrer ganzen Familie.

Husen: Die Hälfte ist schon dort. Aber – bald hätte ich vergessen Ihnen den Brief meines Vaters… *Er sucht in den Taschen.*

Plum: Ich weiß ihn schon auswendig.

Husen: Da müssten Sie hexen können. Und zum Hexen gehört viel Verstand. Der Geier, ich habe den verdammten Brief im Wirtshause gelassen!

Plum: Lassen Sie ihn nur dort.

Husen: Ich eile, ihn zu holen.

Plum: Meinetwegen brechen Sie unterwegens den Hals.

Husen: Ich bin entzückt über Ihre gute Aufnahme. Das hat mir mein Vater wohl gesagt, dass Sie ein Mann sind, der seine alten Freunde nicht vergisst.

Plum *ironisch:* Besonders solche arme Schlucker.

Husen: Welche edle Denkungsart. Aufs Wiedersehen, lieber Schwiegerpapa! *Er umarmt ihn trotz seines Sträubens und läuft fort.*

Plum *allein:* Das ist ein verdammter Windbeutel. Ich kann mich nicht besinnen, in meinem Leben etwas von dem Georg Flock gehört zu haben. Ich glaube, er ist ebenso wenig mit mir in die Schule gegangen, als ich mit dem Papst Gangalli. *Geht ab.*

4. Szene

Josephine und v. d. Husen

Jos.: Also, mein Herr Liebesgott, Sie haben sich wirklich unterfangen?

Husen: Was, Frau Mutter?

Jos.: Mich an der Nase herumzuführen?

Husen: Gott behüte!

Jos.: Heraus mit der Sprache: Sind Sie Peter Flock? Oder Hans Wilhelm van der Husen?

Husen: Welches wünschen Sie am meisten?

Jos.: Ist mir beides gleichgültig.

Husen: Das versteht sich, weil ich nur Ihr Mann werden soll.

Jos.: Sie sind unausstehlich.

Husen: Noch nicht, noch bin ich Bräutigam.

Jos.: Könnten Sie wohl einmal in Ihrem Leben die Wahrheit reden?

Husen: O ja! Warum nicht?

Jos.: Nun, so reden Sie!

Husen: Ich liebe Sie.

Jos.: Mein Gott, wer hat danach gefragt?

Husen: Ich soll ja die Wahrheit sagen.

Jos.: Ihren Namen will ich wissen.

Husen: Wollen Sie ihn in Ihre Schreibtafel oder in Ihr Herz notieren?

Jos.: Es ist in beiden kein Platz.

Husen: So? Darf man fragen, wer in dem letzten residiert?

Jos. *mit dem Finger auf die Gegenden ihres Herzens deutend:* Oben mein Vater, unten mein Onkel, rechts Louise, links Frau Rose.

Husen: Und in der Mitte des Herzens?

Jos.: Sie doch wohl nicht?

Husen: Vielleicht ist der Platz noch leer?

Jos.: Aber gut bewacht.

Husen: Wie heißen die Wächter?

Jos.: Munterkeit und Frohsinn.

Husen: O, die kenne ich, das sind ein paar ehrliche Kerls.

Jos.: Eben deswegen haben sie mit der Liebe nichts zu schaffen.

Husen: Sie irren, Frohsinn ist Amors Milchbruder.

Jos.: So sprechen sie alle vor der Hochzeit.

Husen: Gut, dass Sie an die Hochzeit denken. Wenn eher befehlen Sie?

Jos.: Sie bestehen also im Ernst darauf, mich zu heiraten?

Husen: Im ganzen Ernst

Jos.: Haben Sie mit meinem Vater gesprochen?

Husen: Ja!

Jos.: Was sagt er?

Husen: Er bat mich, nie wieder über seine Schwelle zu kommen.

Jos.: So! Und Sie haben ihm diese kleine Gefälligkeit abgeschlagen?

Husen: O nein! Aber ich nehme Sie mit!

Jos.: Ist das gewiss?

Husen: Ganz sicher.

Jos.: Aber mein Herr, wenn man ein ehrliches Mädchen um seinen angeborenen Namen bringen will, so gibt man ihm wenigstens einen anderen.

Husen: Habe ich Ihnen denn nicht die Wahl gelassen?

Jos.: Sie heißen also nicht Peter Flock?

Husen: Eben so wenig wie Sie Louise Rose heißen.

Jos.: Warum haben Sie mich betrogen?

Husen: Das will ich Ihnen sagen: Mein Vater und der Ihrige haben unsere Liebe etwas kaufmännisch behandelt.

Jos.: Unsere Liebe?

Husen: Ich wollte dem meinigen nicht geradezu widersprechen, denn mein Herz war frei. Ich sagte also weder ja noch nein, sondern machte mich flugs auf den Weg, um Sie zu besehen.

Jos.: Nun, besehen Sie mich. *Sie dreht sich rund herum.*

Husen: Bemühen Sie sich nicht. Ich habe Sie leider schon zu viel besehen. Hätten Sie mir nicht gefallen, so wäre ich stracks wieder fortgereist, mein Vater hätte poltern mögen von Montag bis Sonnabend. Aber Sie gefallen mir.

Jos.: Viel Ehre.

Husen: Und folglich bin ich als gehorsamer Sohn entschlossen.

Jos.: Halt halt, mein Herr, nicht so rasch. Ich will Sie auch erst besehen.

Husen: Von Herzen gern. *Dreht sich rund herum.*

Jos.: Von außen geht es an, aber von innen…

Husen: Das findet sich nach der Hochzeit.

Jos.: Nein, nein! Ich kaufe die Katze nicht im Sacke.

Husen: Ich bin ja keine Katze.

Jos.: Richtige Abrede verhütet Streit. Wissen Sie was? Ich will Ihnen alle meine Fehler rein heraus sagen, Sie sagen mir die Ihrigen, und dann wollen wir sehen, ob wir mit einander auskommen können.

Husen: Ich bins zufrieden.

Jos.: Wohlan, machen Sie den Anfang.

Husen: Ich bin hitzig, aufbrausend.

Jos.: Das könnte man allenfalls mit Sanftmut niederschlagen.

Husen: Ich bin leichtsinnig.

Jos.: Das verliert sich, wenn die Wirtschaftssorgen kommen.

Husen: Ich bin eitel.

Jos.: Das ist nicht gut.

Husen: Und ich befürchte, ich werde es noch mehr werden.

Jos.: Warum das?

Husen: Wenn ich so glücklich sein sollte, Ihre Liebe zu gewinnen.

Jos.: Gehorsame Dienerin. Und weiter!

Husen: Weiter? Ich bin fertig.

Jos.: Schon fertig?

Husen: Auf meine Ehre, ich weiß nichts mehr.

Jos.: Hitzig? Leichtsinnig? Eitel? Dann sind Sie gerade keiner der Schlimmsten.

Husen: Das denke ich auch. Nun ist die Reihe an Ihnen.

Jos.: An mir? – Ich habe gar keine Fehler.

Husen: Gar keine?

Jos.: Nein, mein Herr. Ein Mädchen hat nie Fehler.

Husen: Aber eine Frau?

Jos.: Hat auch nur die, die der Mann ihr gibt.

Husen: So ganz Unrecht haben Sie nicht.

Jos.: Mit den Fehlern wären wir also fertig. Aber es ist noch ein

Punkt übrig, der schlimmer ist als Fehler.

Husen: Der wäre?

Jos.: Üble Gewohnheiten. Haben Sie keine?

Husen: Dass ich nicht wüsste.

Jos.: Lassen Sie hören? Wie ist Ihre Lebensart zuhause? Wie bringen Sie ihren Tag zu?

Husen: Des Morgens rauche ich viel Tabak.

Jos.: Das gefällt mir nicht.

Husen: Mir auch nicht, aber ich habe es mir einmal angewöhnt.

Jos.: Sie müssen sich‘s abgewöhnen.

Husen: Schwerlich.

Jos.: Wie Sie wollen. Ich sitze unterdessen des Morgens bis 11. Uhr vor dem Spiegel.

Husen: Das gefällt mir nicht.

Jos.: Gewohnheit.

Husen: Sie müssen's sich abgewöhnen.

Jos.: Vielleicht. So oft Sie Ihre Pfeife ausklopfen, stehe ich auf.

Husen: So werde ich lieber gar nicht rauchen.

Jos.: Nun, so werde ich gar nicht vor dem Spiegel sitzen.

Husen: Punkt 12 Uhr esse ich zu Mittag.

Jos.: Ich nicht eher als um 2.

Husen: Ihnen zu Liebe könnte ich eine Stunde zugeben.

Jos.: Ihnen zu Gefallen könnte ich eine Stunde ablassen.

Husen: Also um eins.

Jos.: Es mag denn sein.

Husen: Gleich nach Tisch schlafe ich ein.

Jos.: Und ich gehe spazieren.

Husen: Ohne mich?

Jos.: Ich kann ja Ihr Bett nicht in den Wagen setzen.

Husen: Wenn ich aber nicht schlafe?

Jos.: So bleib ich zuhause.

Husen: Gegen Abend gehe ich in den Klub.

Jos.: Und ich habe Gesellschaft.

Husen: Ohne mich?

Jos.: Ich kann ja den Klub nicht in mein Zimmer einladen.

Husen: So bleib ich zuhause.

Jos.: So bin ich allein.

Husen: Das geht ja vortrefflich. Wechselseitige kleine Aufopferungen und Gefälligkeiten machen das Glück der Ehe.

Jos.: So sagt man.

Husen: Noch eine Gewohnheit muss ich Ihnen bekennen, die Sie gütigst übersehen werden.

Jos.: Und die ist?

Husen: Ich habe ein sehr reizbares Herz; ich kann kein schönes Frauenzimmer sehen, ohne ihm ein wenig den Hof zu machen.

Jos.: O, das hat gar nichts zu sagen.

Husen: Wirklich? – Ihre Nachsicht entzückt mich.

Jos.: Ich muss wohl Nachsicht haben, weil ich gerade den nämlichen Fehler besitze.

Husen: Den nämlichen?

Jos.: Es geht mir wie Ihnen: Jeder liebenswürdige Mann gefällt mir.

Husen: So?

Jos.: Ich lass mir gerne was Schönes von ihnen sagen.

Husen: So?

Jos.: Ich werfe ihnen ein paar Blicke zu.

Husen: Ei?

Jos.: Höchstens ein Händedruck.

Husen: Ei! Ei!

Jos.: Was ist Ihnen? Was bedeutet das trockene So? Und ei?

Husen: Nichts. Ich dachte nur – ob es nicht besser wäre – dass wir das beide bleiben ließen.

Jos.: Herzlich gern.

Husen: Ich hätte nur Augen für Sie.

Jos.: Das soll mir lieb sein.

Husen: Und Sie hätten nur Augen für mich?

Jos.: Eins zieht das Andere nach sich.

Husen: Wohlan! – Im Ernst?! – Schlagen Sie ein!

Jos.: *einschlagend:* Nun da! In Gottes Namen!

Husen *kniet nieder und drückt ihre Hand feurig an seine Lippen:* Unter Scherz und Lachen wurde diese schöne Hand geküsst. Holde Freude wandle mit uns durch das Leben, unter Scherz und Lachen finde uns der Tod.

5. Szene

Plum, die Vorigen.

Plum: Potz alle Wetter! Mein Herr Flock! Glauben Sie, weil Ihr Vater in der Schule mit mir auf Erbsen gekniet hat, Sie dürften hier vor meiner Tochter knien? Und du unverschämtes Mädchen leidest solche conterbande Ware im Hause?

Jos.: Ich bin ja kein Zollvisitator; woher soll ich denn wissen, dass ein hübscher junger Mensch Contrebande ist.

Husen: Dieser Brief meines Vaters.

Plum: Was soll mir der Brief? Da wird wieder von dem dicken Konrektor mit der roten Nase stehen, und von den Pfirsichen, und Gott weiß, was sonst noch – aber meine Tochter ist weder Pfirsich noch eine Aprikose.

Jos.: Warum denn nicht Papa? Der Vergleich ist doch gar nicht übel!

Plum: Und kurz mein Herr, hier ist nichts für Sie zu schmausen.

Jos.: Er will ja auch nicht schmausen, er will nur eine Schüssel haben.

Husen: Lesen Sie doch nur wenigstens diesen Brief.

Plum: Wozu ihn lesen? Da Sie die Antwort schon dreimal gehört haben.

Husen: Es stehen aber noch verschiedene Dinge darin, die Sie vielleicht interessieren werden.

Plum: Wieder alte Schulgeschichten, wozu ich nicht ein Wort weiß.

Husen: Nein, nein.

Plum: Nun, so geben Sie her. Ich habe in meinem Leben schon manchen unnützen Brief gelesen. *Er erbricht den Brief und liest.* „Vorzeiger dieses, mein ehrlicher Sohn, Hans Wilhelm" *liest stockend und staunend weiter:* „...welchen wohlconditioniert mit der heutigen Post von hier absende" – *Er sieht schnell nach der Unterschrift* „ van der Husen et Compagnie" Alle Wetter! Euer Edlen haben mich angeführt.

Jos.: Mich auch, lieber Papa!

Husen: Ein unschuldiger Scherz.

Plum: Euer Edlen sind wie ich merke ein lustiger Bruder.

Jos.: Ein lustiger Ehemann.

Husen: Verzeihen Sie.

Plum: Ich verzeihe. Mit einer halben Million Gulden im Vermögen kann man niemanden beleidigen.
Nun Bienchen? Hab ich's recht gemacht? Ein schmucker Bräutigam, nicht wahr?

Jos.: Er geht wohl an.

Plum: Du hast doch nichts einzuwenden? Ha?

Jos.: Wir wollen sehen, ob wir ihn brauchen können.

Plum: Kehren Euer Edlen sich nicht an dem naseweisen Ding.

Jos.: Ich ein Ding?

Plum: Sobald wir unsere Geschäfte als ernsthafte Leute abgetan haben, soll die Hochzeit stracks erfolgen.

Husen: Ich wünschte, dass wir dieses Geschäft zuerst vornehmen.

Plum: So? Sind Euer Edlen so hitzig? Was meinst du Bienchen?

Jos.: Weil die Galeere doch einmal auslaufen muss.

Plum: Ich verstehe, ich verstehe! Nun, nun, wir wollen sehen. Ich bin recht lustig geworden. Ich wäre im Stande, mit der alten Frau Rose einen Cattellon zu tanzen. Kommt Kinder! Kommt herein! Wir müssen doch die Hausgenossen zusammenrufen. Wir wollen Musik kommen lassen und an deinem Hochzeitstage – vergiss mir das nicht Bienchen – soll jeder Arme auf öffentlicher Straße ein Stück Kuchen und zwei gute Groschen erhalten. *Er nimmt van der Husen unter den einen und Josephine unter den anderen Arm.* Euer Edlen seid ein loser Schelm. Wenn Sie nicht so reich wären—

Jos.: So wären euer Edlen ein Spitzbube.

Plum: Mädchen, Mädchen!

Husen: Um ein solches Herz zu stehlen.-

Jos.: Und so weiter. Er ist noch wild, lieber Papa. Lassen Sie mich erst 4 Wochen seine Frau sein, er soll schon zahm werden.

Husen: Wie ein Tiger.

Jos.: Wie ein Lamm.

Husen: Wenn Amor mich füttert, vielleicht.

Plum: Hä hä hä! Neckt euch! Neckt euch! So hör ich's gern. Nun eine Flasche Rheinwein aus Römern getrunken, nicht wahr, Herr Sohn? Trallallalla!

Plum führt Josephine und Husen singend ab.

Finis (Ende des von-Kotzebue-Einakters)

Lithographische Anstalt v. Carl Hoffmann. Schillinger gest.

Bauermädchen aus dem Spessart.

(Strahler aus. Die Modernen sind eingefroren.

***Konrad, Anja, Gotthold Florentine und Konstantin**. Sobald die Einakterpersonen abgegangen sind, volles Bühnenlicht.)*

Florentine *sehr laut*: Und ich sage euch, so was spiele ich nicht!

Konrad: Puh, das ist ja wirklich ein altbackenes Stück. Sowas ist mir schon lange nicht mehr untergekommen.

Gotthold: Sagen wir es mal so: Das könnte anspruchsvoll werden für unser Publikum. Die sind was anderes von uns gewohnt.

Anja: Was für ein Mist. Würde man damit ein Feuer anzünden wollen, müssten die Flammen, die noch ein Fünkchen Ehre haben, sofort ausgehen.

Florentine: Sage ich ja.

Konstantin: Aber doch auch irgendwie reizvoll, nochmal Urgroßvatertheater zu machen. Ich hatte ja noch nie ein richtiges Kostüm auf der Bühne an, immer nur so moderne Merkwürdigkeiten; vielleicht….

Lisa: Also ich spiele lieber nackt, als in einem Biedermeierkleidchen. Stell dir mal vor, das kommt in die Zeitung und irgendjemand sieht das. Damit kann man sich doch an keiner anderen Bühne mehr bewerben!

Anja: Reg dich ab. Wir sind hier nur bei einem Landtheater,

nicht bei einem wichtigen. Wir spielen nur unbedeutende Autoren. Da muss die Presse nicht bis nach der Pause bleiben. Auch wenn die wichtigen Passagen erst danach kommen. Bei uns kann man in der Pause gehen. Wenn wir ein wichtiges Theater wären, dann ja. Da muss man über jede Sekunde berichten, egal was die machen. Die können jeden Mist spielen und sind trotzdem wichtig, aber wir? Nur Land. Nur Klamauk. Ein großes Theater kann den letzten Mist machen; Hauptsache es verlangt viel öffentliches Geld dafür. Ein kleines Theater, das alles selbst macht und bezahlt, bringt auch nur Schrott auf die Bühne, egal was es macht. Kultur muss teuer sein, nichts einbringen, von möglichst keinem verstanden werden und in Städten stattfinden. Dann ist sie gut. Inhalt brauchst du dann nicht mehr.

Anja: Wieso? Manche unserer Stücke waren doch gar nicht schlecht? Das letztes Jahr, das in dem Krankenhaus, das war doch...

Konstantin: Mist. Der Autor stammt aus einem Dorf in Mittelhessen und ist nie in eine Großstadt gezogen. Also ist er schlecht. Egal was er schreibt. Goethe war gut, weil er aus Frankfurt war. Goethe aus Katzenbach hätte mit denselben Büchern keine Chance gehabt. Ein Text wird dadurch gut, dass er in einer Stadt geschrieben wird. Und wichtig dadurch, dass er in möglichst vielen Regalen notfalls ungelesen herumsteht, Er muss nur rumstehen, oft, dann ist er gut. Verkaufszahlen sind das, was einen Text zum guten Text macht. Und die städtische Herkunft.

Florentine: Aber wir spielen gut und viele Texte mit richtig guten Gedanken.

Konstantin: Ja und? Wir spielen nur Autoren, die nicht viele Bücher verkaufen. Bücher werden nicht dadurch wichtig, dass sie gelesen, sondern dass sie verkauft werden. Das Lesen kannst du dir sparen, wenn du weißt, dass viele andere Leute dasselbe Buch gekauft haben. Dann muss es ja gut sein. Das ist effizient. Kannst dir das Lesen sparen. Weißt ja, dass es gut sein muss.

Anja: Das gilt aber nicht für alles, was wir gemacht haben. Und diesmal ist es immerhin ein echter Klassiker.

Florentine: Was genau soll das Gute daran sein? Sowas wie den Text hier kann man heute doch niemandem mehr zumuten! Ist der Kastasjan jetzt völlig wahnsinnig geworden? Das ist der pure Klamauk! So was spiele ich nicht! Ich habe eine Ausbildung, ich habe ein Diplom! Da stelle ich mich doch nicht hin und mache irgendetwas völlig Unchoreographiertes, so wie auf der Straße! So wie im Laientheater! Da könnte ja jeder kommen und meinen, er könne Theater spielen oder Regie führen oder so! So untalentierte Ungelernte, die können sich diesen Klamaukstoff ja vielleicht antun, aber für uns Profis ist das wirklich eine Zumutung!

Konstantin: Naja, immerhin ist es von einem echten Bekannten und Freund Goethes, der…

Florentine: …schon zu seiner Zeit als Verfasser seichter Unterhaltung berühmt war. Dafür braucht man keine Kunst, kein Handwerk, kein gar nichts. Da kann ich auch Ohnsorg spielen oder Millowitsch.

Anja: Ne, das kannst du nicht. Da lacht das Publikum nämlich und hat Spaß. Meine Liebe, das ist nichts für dich.

Florentine: Bei mir lacht das Publikum sehr wohl, und zwar viel!

Konrad: Jaja, besonders in den Tragödien.

Konstantin: Und zwar immer da, wo eigentlich kein Lachen vorgesehen ist.

Anja: Aber dafür lachen sie dann sehr viel und herzlich.

Florentine: Ihr seid ja alle so bösartig! Wie kann man nur gezwungen sein, mit euch zusammen arbeiten zu müssen! *Will abgehen aber aus der Richtung, in die abgehen will ....*

Kastasjan *kommt schnellen Schrittes auf die Bühne, trägt den typischen Schal des weltgewandten Regisseurs, dazu Hut und Sonnenbrille:* Kinder, Kinder, was ist denn schon wieder! Ich kann so nicht arbeiten. Nein, nein, nein, ich kann so nicht arbeiten!

Alle sind mucksmäuschenstill und lächeln den Brötchengeber pflichtschuldig und verlogen an.

Kastasjan: Also, wo waren wir? *Brüllt:* Assistenz! Wo ist wieder meine gottverdammte Assistenz? Muss man hier alles selbst machen? Assistenz!!!!!!

Antonia *rennt mit Skript unter dem Arm auf die Bühne:* Ich bin schon da, bin schon da!

Kastasjan: Na endlich! Stuhl?

Antonia *lässt das Skript fallen, rennt zurück, holt den Regiestuhl:* Aber ja, wo habe ich nur meinen Kopf?

Kastasjan: Jaja, der Kopf. *Setzt sich auffallend breit in den Regiestuhl.* Der kann symbolisch ja sehr schnell rollen, der Kopf, so im Berufsleben und so.

Antonia: Ach du gute Güte! Ich hab doch gar nichts Schlimmes gemacht! Hier, hier ist der Stuhl, Herr Kastasjan! *Rückt den Stuhl zurecht.* Und hier das Skript! *Sammelt die Skriptseiten vom Boden auf und reicht es dem Regisseur.*

Kastasjan: Das ist ja völlig ungeordnet! Nein, nein, so kann ich nicht arbeiten! Das ist ja so, als ob ein kompletter Idiot mir hier zuarbeiten würde.

Antonia *dem Weinen nah*: Was bitte? Wie arbeite ich? Ich will doch gar nicht.... Nein, wo habe ich nur meinen Kopf?

Lisa: Jaja, der ist wohl tatsächlich kurz vor dem Rollen, nicht wahr? Aber das könnte er ja wohl hervorragend!

Florentine: Ja das könnte er, Herr Kastasjan, wenn man nicht gut ist. Sehr gut, besser. Immer am besten, nicht wahr, lieber Herr Kastasjan?

Kastasjan: Jaja, das kann er, aber nicht so schnell, wenn der Rest vom Körper gesund ist, nicht wahr? *Mustert Florentine von oben bis unten.* Hast du heute Abend schon etwas vor?

Gotthold: Oho! Was kommt denn jetzt wohl?

Antonia: Natürlich, wieder so eine.

Konrad *sehr breit grinsend*: Na, liebe Florentine? Heute Abend schon was vor?

Anja: Das war ja deutlich!

Alle anderen *sehen ebenfalls breit grinsend Florentine an:* Na, heute Abend schon was vor?

Florentine: *überlegt kurz, spielt dann die Grande-dame:* Nein, ich habe heute Abend noch nichts vor. Warum fragen Sie, lieber Kastasjan?

Kastasjan *vertieft sich in sein Skript*: Dann hast du endlich mal Zeit, deinen Text zu lernen. Mens sana in corpore sano, nicht wahr? Ein gesunder Geist in einem gesunden Körper, und dein Körper scheint ja einigermaßen in Ordnung zu sein, also sollte die Intelligenz auch irgendwo versteckt sein. Hast du wenigstens schon mal reingeschaut?

Florentine: Ja, habe ich. Ich muss sagen……

Alle *sehen sehr interessiert zu, was jetzt wohl kommen wird.*

Florentine: … ich bin sehr gespannt, was Sie alles aus diesem herausfordernden Stück herausholen werden, <u>lieber</u> Maestro.

Kastasjan *sieht Florentine über den Brillenrand mit*

hochgezogenen Augenbrauen an: Maestro? Ich bin doch kein Dirigent! Ich mache was ernsthaftes, nämlich richtiges Theater! Also sowas! Ich leite kein Ensemble von Trällerlieschen und Hupfdohlen, sondern echtes Theater!

Gotthold *raunt Lisa zu*: Na, wenn er sich da mal nicht irrt.

Lisa: Naja, er scheint ja nicht so sehr bestrebt zu sein, sich von ihren körperlichen Eigenschaften zu überzeugen.

Antonia: Meinst du? Tatsächlich?

Gotthold: Kein Wunder, bei seinen Präferenzen!

Lisa: Ach, hat er die? Ich dachte, er präferiert alles.

Konrad: Nein, tut er nicht.

Antonia: Er ist sehr wählerisch.

Konstantin: Wirklich? Das ist interessant.

Anja: Geht euch alle das eigentlich irgendwas an?

Antonia: Eben! Geht euch das irgendwas an? Wohl kaum!

Konstantin: Wenn man vorankommen will, vielleicht.

Antonia: So so. Ich glaube, ich sollte den Maestro mal informieren….

Alle in der Gruppe: Er ist doch kein Dirigent!

Licht aus.

Szene 2

Konrad: Und hast du dich langsam mit dem Text angefreundet?

Lisa: Kein Text allein ist schlimm, sondern die Intention dahinter.

Anja: Na weißt du, es gibt noch schlimmere. Aber ich bin mir nicht sicher, ob ich ihn nicht doch lieber so gespielt hätte, wie von Kotzebue ihn geschrieben hat.

Konrad: So so, auf einmal? Du und Florentine habt doch mit dem Weltuntergang gedroht, sollte das Stück unverändert aufgeführt werden?

Florentine: Also, ich habe das dem Genie unseres Regisseurs anheimgestellt. Das habe ich deutlich gesagt!

Anja: Nachdem du alle Textbücher auf den Boden gepfeffert hattest.

Gotthold: …. und dich gründlich zum Affen gemacht. Entschuldigung, zur Äffin.

Florentine: Ach habe ich das? Klar, dass du da gendern kannst, du Chauvi!

Anja: Allerdings hast du das. Wir alle waren doch sehr erstaunt über deine Wandlung, kaum dass Kastasjan da war.

Lisa: Also, ich habe dich bewundert.

Florentine: Aber du warst doch die, die auf gar keinen Fall ein echtes Kostümstück spielen wollte. War doch alles süüüüüß!

Anja: Aber du hattest das Stück da schon gelesen, ich nicht. Bei mir war es eher etwas Generelles, nicht speziell auf dieses Stück bezogen.

Konrad: Ihr habt doch beide euren Willen bekommen, dass ihr beide kein Kostümstück spielen wolltet.

Gotthold: Und das ist es ja nun wirklich nicht mehr.

Lisa: Das ist auch sehr gut so. Ich habe ja von Anfang an gesagt: Lieber nackt als Rüschenkleidchen.

Konstantin: Perfekt hinbekommen. Nachdem wir ja dank eurer Intervention jetzt alle nackt und in einem grün-gelb gestreiften Glasbecken mit Luftlöchern drin immer an derselben Stelle stehend den Text nur noch aufsagen. Zwischen grauen Samtkissen.

Konstantin: Am Boden festgebunden.

Lisa: Ja und? Immerhin keine Rüschen.

Gotthold: Zum Glück stehe ich immer mit dem Rücken zum Publikum. Das ist mir doch lieber. Ich bin zwar nicht prüde und Körperlichkeit ist etwas ganz Natürliches, aber ich sehe mir auch in der Sauna immer ungerne die Leute an, die mich ansehen.

Konrad: Immerhin haben die Leute bei uns auf der Bühne schon öfters mal Szenen halbnackt gespielt gesehen, aber jetzt ganz nackt? Das wird doch was anderes werden.

Konstantin: Das wird Gerede geben.

Lisa: Aber keine Rüschen!

Florentine: Das wird eine Aufführung geben. Ich sage dir, die kommen alle nur, weil sie Nackte sehen wollen.

Kastasjan *tritt unbemerkt herein, hört zu.*

Lisa: Ihr versteht das einfach nicht. Für Leute vom Theaterfach seid ihr alle erstaunlich rückschrittlich eingestellt. In der Nacktheit liegt doch die Offenbarung. Das Erhebende. Das Durchgeistigte. Nackt ist wahr. Und unverfälscht. Anders als das stinkende Alte, das die Leute uns hier in ihren Köpfen mit hereinschleppen. Weg mit den Klamotten und den alten Zöpfen! Alles ans Licht der Wahrheit zerren! Auch gegen Widerstände der Zuschauenden!

Kastasjan: Und genau darum geht es ja. Wir wollen und werden das bigotte Publikum demaskieren. Angeblich kommen sie, weil es ein unbekanntes klassisches Stück ist, und eigentlich wollen sie sich nur an nackten Körpern ergötzen und sich hinterher darüber aufregen, dass da Nackte waren.

Lisa: O ja, das wollen die! Sonst nix!

Kastasjan: Eben. So wie die Protagonisten im Stück alle gefangen sind in ihren Moralvorstellungen und ihren Rollen, in die sie sich einfügen, ohne sie überdacht und sie bewusst angenommen zu haben, eingeschnürt in die Korsetts ihrer Kleidung wie ihrer Umgebung; eben ganz so ist unser Publikum gefangen in seinem Selbst, in seiner Rolle, in seinem Gender, in seiner Zeit, in seiner wirren Vorstellung von der Welt. Und wir werden ihnen den Spiegel vorhalten und ihnen die eigene verlogene Fratze zeigen. Jawohl! Das werden wir! *Pathetisch:* Nackt! Alle nackt! Ich meine, ihr alle nackt! Und damit so abgrundtief ehrlich, wie ein Mensch nur ehrlich sein kann!

Florentine *klatscht begeistert*: Großartig, Herr Kastasjan! Großartig!

Konrad: *Das* ist Interpretation!

Anja: *Das* ist Arbeit am Text!

Lisa: *Das* ist zeitgenössisch!

Konstantin: *Das* ist … äääh … zeitgemäß!

Gotthold *schaut in eine andere Richtung*: Wenn dem Regisseur nichts mehr einfällt, zieht er seine Schauspieler aus.

Konrad: Na, das kann man so aber nicht von jedem sagen! Es gab auch schon große Regisseure, die…

Kastasjan *schiebt Konrad zur Seite*: Wie bitte? Ich habe keine Einfälle mehr?

Gotthold: Nein, das sagt man nur so. Da wo man nichts von

richtigem Theater versteht. Lieber nackt als Klamauk!

Anja: Allerdings. Genauso sehe ich da auch. Nackt ist…. eine Aussage an sich. Unverhüllt. Die Wahrheit. Nackt kann man sich ganz dem Kuss der Musen hingeben.

Florentine *eilt von der Bühne, um einen Stuhl zu holen.*

Konstantin: Die volle, unverhüllte, nackte Wahrheit. Das eigentliche Selbst im Sein des seienden Selbst, oder so.

Antonia *starrt Konstantin an:* Du hörst dir aber schon hin und wieder mal selbst zu, wenn du den Mund aufmachst, oder? Was war denn das für eine gequirlte….

Florentine *kommt mit dem Stuhl zurück. Sie schiebt Antonia von ihrem Platz, um den Stuhl exakt dahin zu stellen und steigt auf den Stuhl. Starrt über das Publikum hinweg. Alle beobachten sie, teils spöttisch, teils verwundert.* ***Kastasjan*** *ist begeistert. Florentine extrem deklamatorisch:* O Muse, komme über mich! Küsse mich, o Muse! Enthülle mir das geheime Geheimnis des Geheimen! O ja, komm, du Muse, o! O! O! O ja! Ja!

Antonia: Au weia.

Lisa: Wie erhebend!

Konrad *zu Konstantin:* Der dies verbrochen, war sicherlich ein Dichter, doch eben leider nur ein sehr, sehr schlichter.

Konstantin: Naja, das war auch nicht viel besser.

Konrad: Leider gibt's im Deutschen ja nur den Dichter, nicht den Dechter, sonst wär der Dichter-Verbrecher ja ein schlechter.

Konstantin: Genau, ein schlächtr Dächtr. *Stellt sich in die Position von Erich Ponto als Prof. Crey in „Die Feuerzangenbowle" von Heinrich Spoerl in der Verfilmung von 1944:* Aber jädr nor ain'n wänzign Schlock!

Florentine *steigt von ihrem Stuhl herunter.*

Kastasjan *stürmt auf sie zu:* Ich wusste es! Ich habe es gewusst! Du verstehst mich! Du liebst das Klassische Theater so wie ich! Was für eine Einfühlung! Was für ein Genius in deiner Expressivität!

Anja *zu Konstantin*: Der glaubt, die hat das ernst gemeint! Der kennt die Florentine ja nun wirklich überhaupt nicht.

Konrad: Wie furchtbar! Die beiden nehmen sich gegenseitig allen Ernstes ernst! Ob die Florentine das nochmal hingebogen bekommt?

Gotthold: Hingebogen? Wohl kaum. Egal, was sie jetzt versucht, sie kann den Bogen höchstens überspannen. Hinbiegen ist da nicht mehr drin.

Anja: Vermutlich nicht.

Lisa: Ihr versteht auch gar nichts. Das ist wahre Kunst!

Antonia: Aber ich bin doch gespannt, wie die Schmierenkomödie hier in live jetzt weitergeht.

Florentine *steigt noch einmal auf ihren Stuhl:* O Apollo, Vater der Musen, komm und befruchte mich! Lass mich deine Blüte sein! Schenke neuer Kunst Leben durch mich!

Gotthold: Meint die das ernst?

Lisa: Definitiv nicht ihr Tag heute.

Konrad: Was wird das denn? Bienchen und Blümchen? To be a bee or not to be a bee, oder was?

Anja: Aua, du hasst Shakespeare wirklich aus tiefster Seele, oder? Der arme Hamlet.

Konrad: Tut mir leid, aber so ne Vorlage musste ich einfach verwandeln.

Kastasjan *völlig hin und weg:* Ja, sei seine Blüte, o Florentine! Sei meine Muse! Lass dich küssen!

Konstantin: Warum ist mir nur auf einmal so schlecht?

Antonia: Das hält man ja im Kopp nicht aus!

Florentine *steigt von dem Stuhl:* Äääh, der ist Requisite, ich bringe ihn lieber erst zurück, weil gleich das Publikum eingelassen wird. *Enteilt mit dem Stuhl.*

Antonia: Ach du meine Güte, ja, der Einlass! Es geht ja gleich los. *Eilt hinter die Bühne, kommt mit einem Manuskript zurück:* Herr Kastasjan, Ihre Begrüßungsansprache! Für die Ehrengäste aus Hannover! Die Oberbürgermeisterin ist doch da mit dem gesamten Stadtrat. Ich hab's überarbeitet, nach neuestem Hannoveranischem Neusprech[3]-Reglement.

Kastasjan *übt seine Begrüßungsansprache:* Öhem, Öhem, Brautkleid bleibt Brautkleid und Blaukraut bleibt Brautklaut. *Räuspert sich:* Öhem! Mimimimimi!!! Öhem. *Pause. Redehaltung, sehr einstudiert.* Meine sehr geehrte Frau Oberbürgermeisterin, liebe Angehörende des Stadtrates, liebe Bürgerinnen und Bürger, liebe Bürger innen und außen, liebe Bürgende. Sehr geehrte Badenhaupterinnen und Badenhaupter, liebe Badenhauptende, liebe Hannovernde, Hannoveranerinnen und Hannoveraner jeden Geschlechts und jeglicher Spezies…… Hä? Glaubst du etwa, dass ein pferdiger Hannoveraner kommen wird? Hoffentlich nicht, besonders keine Stute, weil ich dann nicht weiß, ob das eine Hannoverin, eine Hannoveranerin oder eine Hannovernde ist.

Antonia: Ach was, lesen Sie das einfach so vor, wie ich es aufgeschrieben habe. Das ist schon richtig so. Und jetzt vorsichtig, der Einlass hat begonnen.

*Die **Besucherin 1** kommt mit Programmheft, blättert eifrig darin.*

Konstantin: Sieh an, die Leute kommen. Also Leute, los und raus aus den Klamotten. Das Publikum will was sehen. Stell dir vor: Die denken es lohnt sich, und dann stehen wir da und das wars.

---

[3] s. George Orwells „1984“

Lisa: Na, da könnte auch weniger geboten werden.

Besucherin 1: Gibt's hier heute die Nackedeis?

Pause

Kreppbut mit Kreppausputz; Ueberrock von Seide mit Schnurenbesatz vorn herunter. | Atlaßhut mit Bandausputz; Crispine von Atlaß mit Pelzbesatz; seidenes Kleid mit Schnurenausputz.

Szene 3

Besucherin 1: Heute gibt's hier Nackedeis. Wo die nur sind? *Sieht sich suchend um.*

Besucherin 4: Ja genau, wo sind die denn?

Besucherin 3: Stimmt das alles, was man da in der Stadt schon drüber gehört hat`?

Besucherin 2: Bestimmt nur die Hälfte davon.

Besucherin 1: Die trauen sich das doch nicht hier in Badenhaupt.

Besucherin 4: Wartet es doch erstmal ab. Vielleicht wird's ja doch noch schön.

Besucherin 3: Naja, was heißt schon schön bei Nackedeis. Ich war da mal am Strand; ich sag dir, mit schön hatte das da nicht viel....

Besucherin 1: Das hier sind Künstler, keine Typen am Strand.

Besucherin 2: Also, wenn man euch so zuhört, dann glaubt man ja gar nicht, dass ihr ins Theater wollt, sondern nach Sankt Pauli. Die spielen hier doch ein ganz berühmtes klassisches Stück zum allerersten Mal. Das ist was Besonderes.

Besucherin 1: Na mal schauen, was es heute so gibt. *Liest das Programmheft.* Was von Kotzebü. Na sowas, der Name klingt ja merkwürdig.

Besucherin 4: Vielleicht meinen die ja Astrid Lindgren. Bullerbü.

Besucherin 2: Ach jetzt hör auf. Die werden ja wohl wissen, was die spielen. Immerhin ist heute Aufführung, da sollten die das schon wissen, oder nicht? Da stünde doch bestimmt was von Pippi Langstrumpf oder so, wenn die Pippi Langstrumpf spielen würden.

Besucherin 3: Wohnt Pippi in Bullerbü?

Besucherin 1: Keine Ahnung, aber hier steht ja auch Kotzebü. Nicht Bullerbü. *Dreht das Programmheft um.* Oder?

Besucherin 4: Ich glaube, das ist der Name vom Autor. August von Kotzebü.

Antonia *kommt vorbei:* Von Kotzbuuuu! Das E am Ende wird nicht gesprochen. August von Kotzebuuuu! Ein Freund von Johann Wolfgang von Goethe. *Eilt weiter.*

Kastasjan *eilt vorüber:* Interessiertes Publikum, wie fein! Ich freue mich, sie hier zu sehen. Antonia! Antonia!

Besucherin 1: Ach Herr Kastasjaaaan! Der Held des Abends! Was für ein Mann, was für ein Genuss, Sie zu sehen!

Kastasjan: Jaja. Danke schön.

Besucherin 1: Ein so berühmter Mann aus dem fernen Kargistastan. Was für ein Glanz bei uns in Badenhaupt!

Antonia *eilt herbei:* Ja, Herr Kastasjan?

Kastasjan: Antonia, sind die ... *blickt auf die Damen* .... Äääh, die Dingsbumse, du weißt schon, die speziellen Dingse, sind die schon in meiner Garderobe?

Antonia: Die was bitte?

Kastasjan: Die .... Du weißt doch! Wie immer! Die Dingse halt!

Antonia: Die Dingse? Die Dingse...... Achso, die Stützstrümpfe! Ja, Herr Kastasjan, die sind da. Wie immer, die besonders starken. Wie immer. Ich hab dran gedacht. Die besorge ich für Sie doch jedes Mal. Die liegen griffbereit direkt neben den Gebissreinigertaps und den Kontaktlinsenreinigertabletten in Ihrer Garderobe vor dem Spiegel. Alles wie immer. Sie können sich doch auf mich verlassen, Herr Kastasjan. *Lächelnd ab.*

Kastasjan *erstarrt.*

Besucherin 4 *strahlt ihn an*: Ach, der Herr Regisseur! Endlich bekommen wir Sie zu Gesicht. Den berühmten Katzanjan.

Kastasjan: Kastasjan.

Besucherin 3: Ja genau. Was für eine Ehre. Wir freuen uns ja schon so auf das, was Sie uns da kredenzen werden! Darf ich Ihnen die Hand schütteln? *Schüttelt ihm beidhändig buchstäblich die Hand.*

Kastasjan *entwindet seine Hand aus der Umklammerung der Besucherin 3*: Kredenzen? Eigentlich bin ich ja kein Sommelier. Aber egal, ich hoffe, der Abend wird ihnen munden, meine Damen! *Küsst Besucherin 1 zerstreut die Hand, eilt weiter.*

Besucherin 2 *wäre auch gerne geküsst worden, sieht ihm enttäuscht hinterher:* Hach ja.

Besucherin 3 *zu Besucherin 1*: Du hast mal wieder Glück gehabt. Unfassbar. Was finden die Männer nur immer an dir?

Besucherin 1 *kokett:* Tja, gekonnt ist gekonnt. Wer sich so ranschmeißt wie ihr beiden, der wirkt ja auch wie bestellt und nicht gewollt, oder wie man so sagt. Man muss sich rarmachen, dann wird man bemerkt. Das ist das Besondere. Was jeder haben kann, will doch niemand.

Besucherin 4: Ach hör an, sollen wir dich jetzt Kleopatra nennen, oder was?

Besucherin 3: Du gibst ja ganz schön an für ne Ledige

Besucherin 1: Als Genießerin….

Besucherin 2: Ne, nicht Kleopatra, Mata Hari bist du! Mata Hari die zweite!

Besucherin 3: Aber noch in Ausbildung, ich sag's dir!

Besucherin 1: Ich muss mich noch frisch machen vor der Aufführung. Wer weiß, was da heute noch draus wird. *Verschwindet lächelnd.*

Besucherin 4: Hat man sowas schon gesehen. Die gibt ja an.

Besucherin 3: Dabei habe ich gehört, dass der Kastasjan total blind ist, und er hatte keine Brille auf. Der hätte vermutlich auch den Garderobenständer geküsst, wenn einer da gewesen wäre.

Besucherin 2: Du hast ja gehört. Kontaktlinsenreiniger.

Besucherin 3: Gebissreiniger.

Beide: Stützstrümpfe.

Besucherin 2: Da kommt mal wer von außerhalb nach Badenhaupt, und dann nur einer mit Gebissreiniger und Stützstrümpfen.

Besucherin 4: Dann bin ich ja mal gespannt, was der auf die stützbestrumpften Beine stellen will.

Besucherin 1 *kommt zurück:* So, fertig.

Besucherin 3: Ach was, so schnell?

Besucherin 1: Gekonnt ist gekonnt.

Besucherin 4: Komisch, sieht exakt aus wie vorher.

Besucherin 3: Jo, würde ich auch sagen. Oder warte mal, da, die Haare da hinten links, die waren vorhin ordentlicher.

Besucherin 1: Ach was, redet ihr nur dumm daher. Das ist Neid, ich weiß es.

Besucherin 3 *zu Besucherin 4:* Ja klar!

Besucherin 4: Was auch sonst?

Besucherin 3 *zückt ihr Handy, sucht etwas:* Na, komm, mach hin. Das Drecksding funktioniert nie, wenn's mal schnell gehen muss. Was haben die denn für ein W-LAN hier drin? Wenn das so weitergeht, kann ich das während der Aufführung am Ende noch ausmachen. Was für ein Mist! Gerade heute.

Besucherin 2: Das willst du ja wohl nicht anlassen, wenn du ins Theater gehst? Obwohl, passen würde das zu dir.

Besucherin 4: Allerdings. Immer und überall dran an dem Drecksding. *Ihr Handy vibriert, sie geht dran. Eine WhatsApp:* O Mist, ich muss mal kurz raus. Das ist jetzt ganz wichtig! Bis gleich, haltet mir einen Sitz frei! *Schnell tippend ab.*

Besucherin 1: Ja gibt's denn sowas!

Besucherin 2 *sieht auf ihr Handy:* Ich muss auch schnell nochmal was abklären, ich bin auch gleich da. *Schnell aufs Handy schauend ab.*

Besucherin 3 *zu 4:* Wollen wir dann noch eine rauchen gehen?

Besucherin 4: Och ja, das reicht noch locker. Da unten gabs auch noch Sekt. *Zu 1:* Belegst du uns die Plätze? Wir sind gleich wieder da.

Besucherin 3: O ja, Sekt ist gut. Wer weiß, was der uns erträglicher machen muss.

Besucherin 4: Jo, lass uns mal beeilen. *Beide schnell ab.*

Besucherin 1: Ja was ist das denn? Jetzt bin ich ganz allein. Wofür geht man eigentlich ins Theater, wenn man keine Lust drauf hat? Kostet ja immerhin genug Geld. Aber was solls: Wir sind ja gebildet und da geht man ins Theater, auch wenn‘s stinkend langweilig ist. Die Karten waren teuer, also sollte ich es gut finden, egal was kommt, damit das Geld nicht zum Fenster rausgeworfen ist. Wenn ich lachen soll, lache ich; wenn ich weinen soll, weine ich. Der Eintritt muss sich ja lohnen. Schlimmer als das mit dem Pferd damals kann's ja auch nicht werden. Hoffe ich. Na, mal schauen.
Will in den Theaterraum gehen, stoppt aber und sieht zurück. Moment, wo gab es den Sekt? Stimmt ja, wer weiß, was der erträglich machen muss. Also los, ist ja noch Zeit. *Geht den anderen Besucherinnen nach ab.*

Seidenes Kleid mit Stickereien.

Szene 4

Die Aufführung ist zu Ende, man hört aus dem Hintergrund etwas dünnen Applaus. Alle Schauspielerinnen und Schauspieler sind in Bademäntel gekleidet. Kastasjan im Frack.

Kastasjan *rennt über die Szene:* Und dafür gibt man alles, man gibt sich selbst! Nichts als Perlen vor die Säue! *Schnell ab.*

Antonia *folgt im schnell mit dem Regiebuch:* Herr Kastasjan! Herr Kastasjan! Bleiben Sie doch stehen! Herr Kastasjan! Maestro!

Kastasjan *kommt zornig zurück:* Hören Sie gefälligst auf damit! Ich bin kein Maestro! Verstanden? Ich mache THEATER! THEATER! VERSTEHEN SIE, WAS ICH SAGE? THEATER! *Überaus zornig wieder ab.*

Antonia *bleibt wie angewurzelt stehen, holt tief Luft und legt dann los, wirft dafür das Regiebuch kräftig zu Boden*: Allerdings machen Sie Theater, Herr Kastasjan! Und was für welches! Unfassbar! Mich so anzubrüllen! Bald kann er mich mal ganz furchtbar vermissen, wenn ich hier alles schmeiße und nichts, aber auch gar nichts, mehr funktioniert! Jawoll! Was läuft denn hier schon in diesem Saftladen, wenn ich mich nicht darum kümmere? Was bekommt der feine Herr Nichtmaestro denn schon hin ohne mich? Wenn der mich nicht hätte, dann könnte er sich noch nicht mal auf seinen dusseligen Regiestuhl setzen, weil er seinen eigenen eingebildeten Hintern irgendwo vergessen hätte, wenn ich ihm den nicht auch noch nachtragen würde! So sieht es nämlich aus!

Konstantin *kommt dazu*: Nanu, was ist denn hier los?

Antonia *spitz:* Na, schon runter von der Bühne? Kein Applaus mehr?

Konstantin: Nach so einer Katastrophe soll noch einer klatschen?

Antonia: Und ich nehme an, du hast es wieder mal im Voraus gewusst.

Gotthold *kommt dazu, ist sehr aufgeregt:* Ein Blamage, eine solche Blamage! Ich bin ruiniert! Hätte ich doch nie hier bei so einem Miststück mitgespielt!

Antonia: O ja, das Miststück. Und ich dachte, ich hätte euch eigentlich alle vorher gewarnt. Aber wer hört schon auf die Regieassistentin?

Besucherin 1: O gute Güte, was bin ich froh, dass es vorbei ist.

Besucherin 2: Ich weiß ja nicht, aber bei den klassischen Stücken habe ich immer das Gefühl, ich verstehe nicht alles.

Besucherin 4: Also ich habe das Gefühl nicht.

Besucherin 3: Ach nein? Ach ja stimmt, du hast nicht das *Gefühl,* dass du nichts verstehst, sondern du bist dir *sicher*, dass es so ist.

Besucherin 4: Wie bitte?

Besucherin 3: Also, mir hat‘s gefallen. Wie das junge Fräulein da den Männern Contra gegeben hat, das fand ich gut.

Besucherin 1: Fräulein sagt man nicht mehr.

Besucherin 3: Aber im 18. Jahrhundert hat man das noch gesagt.

Anja *kommt vorbei:* Nicht so ganz. Das sagte man damals nur zu Adeligen. Die normale junge Frau ist damals eine Mamsell. Fräulein sagte man erst später.

Konrad *kommt von der anderen Seite dazu:* Na, gibst du mal wieder unverlangten Deutschunterricht?

Anja: Ich stelle nur etwas klar. An anderen Bühnen führt man nach den Aufführungen ein Gespräch mit dem Publikum, da kann man sowas alles offiziell erklären.

Besucherin 3: Also seien Sie mir nicht böse, aber mir wäre das zu viel, wenn ich jetzt noch diskutieren sollte.

Besucherin 1 *sieht auf die Uhr:* Himmel, ich muss heim. Der Tatort ist schon durch, dann will ich wenigstens noch die Rosamunde Pilcher sehen.

Besucherin 4: Och jo, mal die wieder Rosamunde Pilcher. Man fasst es nicht.

Besucherin 2: Ach Herrjemine, ich muss ja auch los. Die wollte ich ja auch sehen. Was kommt denn heute?

Besucherin 1: ‚Unheilvolle Wolken über dem Moor der unerhörten Liebesseufzer bei Schloss Tullymor Dew‘, glaube ich.

Anja: Na, dann möchte ich Sie nicht aufhalten.

Konrad *zu Anja:* In unserem Beruf hat man es wirklich nicht leicht.

Anja *leise zurück*: Nein, aber leicht hat es einen. *Laut zu den Besucherinnen:* Wir wünschen Ihnen einen schönen Abend!

Besucherin 3: Aber eins muss ich sagen, ihr jungen Leute habt euch sehr viel Mühe gegeben.

Besucherin 2: Ich hätte das so schön nicht spielen können.

Besucherin 4: Naja, dass die alle nackt waren, war ja ….

Besucherin 1 *sucht verunsichert nach Worten:* Interessant, irgendwie, …

Besucherin 2: Jaja, interessant, das ist das richtige Wort. Glaube ich.

Besucherin 3: Aber ich habe da mal „Kabale und Liebe“ gesehen, mit Kostümen. Die waren doch damals alle so schön, diese Kleider, und wie gut die damalige Mode auch den jungen Männern steht. So fesch, so ansehnlich. So ganz anders als die

Nackten da eben. Die waren nicht fesch und ansehnlich.

Besucherin 2: O ja, schöne Kostüme! All die schönen Kostüme! So was gibt's heute gar nicht mehr.

Besucherin 1: Ja, das war was fürs Auge. Wie bei Rosamunde Pilcher.

Besucherin 4: Ich war da mal in Marburg in einem Stück, da war ja auch gar nichts mit Kostüm.

Besucherin 1: Welches war das denn?

Besucherin 2: Da waren wir auch zusammen, das mit dem Pferd und dem König. Wo der da steht und ruft, dass er ein Königreich verkaufen will oder so.

Besucherin 4: Das, wo die da die blauen Puppen über die Bühne geworfen haben, und der König stand da mittendrin und hat dann eine davon an den Kopf bekommen?

Besucherin 3: Ach ja, das; das war lustig, wo der fast umgefallen ist von der Puppe! Aber er hat weitergespielt, alle Achtung. Das fand ich damals toll.

Besucherin 4: Aber die waren in Jeans und T-Shirt, nicht nackt.

Besucherin 1: Nur der eine.

Besucherin 2: Und die andere auch. Aber ich hab nicht verstanden, warum.

Besucherin 4: Ich auch nicht. Aber das war was, mit den Puppen.

Konrad: Das war bestimmt eine Inszenierung von Shakespeares ‚Richard III', nicht wahr?

Anja *deklamatorisch:* ‚Ein Pferd, ein Pferd, mein Königreich für ein Pferd!'

Besucherin 3: Ja, das wars. Genauso haben die das damals in Marburg auch gesagt. Genauso! Das haben Sie aber sehr schön gesagt, junge Frau. Da geht einem das Herz auf. Ich hätte früher ja auch so gerne ein Pferd gehabt, aber seitdem ich verheiratet bin, da haben wir ja gar keinen Platz mehr gehabt für sowas.

Besucherin 2: Na na, so dick ist dein Uwe aber nun auch nicht, dass *deswegen* kein Pferd bei euch reinpassen würde. Wäre eh eng bei drei Zimmer, Küche, Bad.

Besucherin 4: Und ihr wohnt doch im 3. Stock, wo soll denn da ein Pferd hin?

Besucherin 1: Und in *meinem Alter* wäre das Ausreiten jeden Tag *für mich* auch nichts mehr.

Konrad *zu Anja:* Und so bleibt von Shakespeares Richard III. nur ‚Es steht ein Pferd auf dem Flur'.

Anja: Wie du sagst, man hat's nicht leicht.

Besucherin 2: Aber war das in Marburg? Ich dachte, das war in

Gießen?

Besucherin 1: Oder doch in Kassel? War das nicht in Kassel? Wir waren doch mal so weit ins Theater gefahren?

Besucherin 3: Ja, sind wir. Ich meine nämlich, das war in Frankfurt. Auf jeden Fall war das sehr schön. Aber das Pferd habe ich damals gar nicht gesehen. Wo das wohl war?

Besucherin 4 *genervt*: Aber schön wars, auch ohne Pferd. Vor allem die Puppen. Und heute Abend war es auch sehr schön. Und jetzt will ich langsam los.

Besucherin 1: Besonders, dass ihr so früh angefangen habt, dass ich noch rechtzeitig zur Rosamunde Pilcher komme.

Besucherin 3: Himmel ja, wir müssen ja los!

Besucherin 2: Also dann kommt, schnell! Wir müssen noch den Sekt aus dem Kühlschrank holen! Aber es war sehr schön, was ihr da heute gespielt habt.

Besucherin 4: Und das nächste Mal vielleicht auch was mit einem Pferd? Das fände ich schön! Tschühüß!

Besucherin 2: Genau, bis zum nächsten Mal! Und dann vielleicht was mit Kostüm. So mit Spitzen und Rüschen und all so was. Tschö!

Besucherin 3: Und ihr habt richtig schön gespielt. Da konnte man sich alles so richtig vorstellen! Aber wenn ihr wieder nackt spielt, lauft dabei doch auch mal rum! Das würde alles etwas beleben! Bis nächstes Mal! Tschüß!

Besucherin 4: Ja, schön, und war toll und überhaupt, und wenn wir jetzt nicht gehen, verpassen wir den Film. Jetzt lasst uns endlich abhauen. Tschö!

*Alle **Besucherinnen** eifrig redend ab.*

Atlaßhut mit einer Feder; Mantille von Seide, mit Sammetgarnitur; seidenes Kleid. || Tuchfrack mit Metallknöpfen; Piköweste mit Shawlkragen; carrirte Beinkleider von Wollenstoff.

Szene 5

Lisa: Ach, wenn ich nur wüsste, ob ich mich jetzt als totale Versagerin fühlen soll oder nicht, nach dieser Aufführung. Ich weiß nicht, ob ich das noch siebenmal durchstehen will oder soll.

Antonia: Aber, aber! Das Publikum war doch gar nicht so enttäuscht.

Anja: Naja, fast die Hälfte ist nach der Pause ja wieder reingekommen.

Konrad: Und die sind fast alle bis zum Schluss geblieben.

Konstantin: Jupp. Und am Anfang waren fast 60 Leute da.

Antonia: Ich hatte es euch ja angedeutet, aber wer…

Alle *genervt*: …hört schon auf die Regieassistentin.

Antonia: Genau. Das war halt für die Katz. Aber was wollt ihr anderes erwarten bei so einem provinziellen Publikum. Ich sag nur: Da steht ein Pferd auf dem Flur!

Florentine: Ich glaube, ich bin durch damit. Kastasjan hat recht: Perlen vor die Säue.

Konrad: Vielleicht lag‘s an uns.

Lisa: Wie bitte? An uns?

Konrad: Ja, an uns. Wieso haben wir sowas total Verbogenes aus dem Stück gemacht? Eigentlich ist es doch ganz lustig.

Anja: Aber total unmodern. Ganz veraltete Moral, Rollenbilder und Ideen.

Konstantin: Und eine völlig unverständliche Sprache. Das kapiert heute doch keiner mehr.

Konrad: Man hätte es als Lustspiel spielen können. Tatsächlich im Kostüm. Eigentlich ist die Josephine doch sehr selbstbewusst.

Anja: Schon; ich habe da in der Nachbarschaft auch ein Mädchen, das sich von der Josephine ein Stück abschneiden könnte.

Florentine: Aber dass die sich dann den Bräutigam so aufschwätzen lässt?

Konrad: Für ihre Zeit hat sie ihn sich eigentlich sehr selbstständig ausgesucht.

Konstantin: Aber nur für ihre Zeit. Heute wäre das doch unmöglich.

Lisa: Eben. Sie steckte damals da in ihrem Rüschenkleidchen fest und war die Verhandlungsmasse. Deshalb heute nackt.

Konrad: Ja und? Muss sich immer alles nur um uns und unsere Zeit drehen? Irgendwie habe ich das Gefühl, dass du das Stück nicht richtig gelesen hast. Sie sagt ‚ja', obwohl ihr Vater glaubt, dass der Bewerber absolut nicht in Frage kommt.

Anja: Wer heute ins Theater geht, der will zeitgemäße Ideen sehen, nicht alten Ballast.

Lisa: Zumindest die paar, die noch kommen.

Konrad: Eben, wir erreichen mit unserer vorgefertigten ewig gleichen Meinung die meisten Leute doch gar nicht mehr. Wer kommt denn da noch groß?

Florentine: Die geistige Elite.

Anja: Naja, die vielleicht oft genug eingebildete geistige Elite.

Lisa: Jedenfalls kein Pöbel, der auch Ohnsorg gucken würde.

Florentine: Nein, wir erreichen schon lange keine normalen Leute von der Straße mehr, die andere Probleme haben als die oberen hundert, die sich für ganz was Besonderes halten.

Konrad: Für wen spielen wir denn eigentlich Theater? Immer nur für dieselben Hansel der oberen Einhundert, die sich unsere Karten leisten können und noch ein bisschen klassisch-bürgerliche Kultur abbekommen haben, oder es sich zumindest einbilden; oder doch für alle Menschen, also auch für die, die aus ganz anderen Lebenszusammenhängen kommen und deshalb laut unserer Verfassung das Recht haben, ganz anderes für richtig zu halten als wir?

Florentine: Weißt, du, das mit dem Theater ist generell schwierig, wie mit einer Predigt in der Kirche oder mit einer politischen Rede: Einer redet die ganze Zeit und es gilt als unhöflich zu unterbrechen. Also kann man nicht widersprechen, selbst wenn man unbedingt möchte. Eine Rednerin kann den größten Stuss erzählen, aber niemand darf reinfunken.

Gotthold: Lass das die Anja nicht hören, laut *der* reden grundsätzlich nur Männer Stuss. Die mag bei solchen Beispielen keine Geschlechtsneutralität. Wie die angebliche Bibel in sogenannter gerechter Sprache; in der ist Gott auch mehrheitlich ne Frau, aber der Satan immer ein Mann.

Anja: Ach ja, sage ich das? Meine ich das tatsächlich?

Konrad: Ja, tust du. Jetzt weiter im Text. *Zu Gotthold:* Nehmen wir mal dich: Wenn du da auf der Bühne den großen Philosophen spielst, dann steht auch keiner auf und sagt dir, was er oder sie davon hält. Niemand!

Gotthold: Aber schau mal, es wird doch oft angeboten hinterher zu diskutieren.

Florentine: Ja eben, hinterher. Wer merkt sich denn so lange alles, was man dann sagen wollte? Sollen alle mitschreiben, oder wie?

Anja: Weißt du, das ist wie mit der Kunst, da verstehe ich auch vieles nicht.

Lisa: Stimmt, ich war da mal in einer Ausstellung, da hingen lauter … naja, es sollten wohl Bilder sein, Kunst halt, da habe ich zuerst die Preisschilder für die Kunst gehalten, weil ich dachte, die Preise können nicht ernstgemeint sein. Ein Brett mit vier Nägeln drin für 8000 Euro, weil auf jedem Nagelkopf ein jeweils anderer Farbkleks war. 2000 Euro pro Kleks. Ein echter Klacks. Oder schief zugeschnittenes Plexiglas mit Loch und praktisch nix drauf, aber ein 5000-Euro-Preisschild dran.

Konstantin: Das ist wie mit den Kakashasäulen, die sind Bauschrott mit Plastikpyramide drauf und kosten auch 4000 Euro im Internet.

Florentine: Die sind aber keine Kunst, die lenken ja bekanntermaßen die kosmische Energie in deinen Garten.

Konstantin: Bitte was tun die? Die lenken? Was denn? Die kosmische oder die komische Energie?

Florentine: Ich versteh' s auch nicht, aber ruf bei Astrologo-TV an, die erklären dir das für eine *so* kleine Beratungsgebühr, dass du die Säule noch für ein Schnäppchen hältst. Materialkosten 30 Euro, Idee unbezahlbar = 4899 Euro Gesamtpreis. Und die kosmische Energie gibt's gratis, sobald sie existiert. Dann kommt ET vorbei und lädt sein Handy bei dir auf, damit er endlich nach Hause telefonieren kann.

Konrad: Wow. Muss ich haben.

Lisa: Genau, dann kannst du immer dein Handy aufladen und hier Bescheid geben, wenn du mal wieder später kommst. Gelle?

Anja: Lasst uns mal davon aufhören. Gut, dass uns jetzt kein Publikum zuhört, sonst würden die denken, wir machen selbst genau das, was wir kritisieren. Wer weiß, was die uns erzählen würden, wenn da einer aufstehen würde. Wenn das jemand hört, sagt noch einer im Publikum zu den Leuten rechts und links ‚Soll ich mal?' und dann steht der wirklich mitten im Stück auf und wir haben den Salat.

Florentine: Ich wüsste dann gar nicht, was ich machen sollte.

Konrad: Also sollten wir ganz ruhig sein und froh, dass uns niemand zuhört.

Zu Florentine: Tja, was gibts Neues bei dir?

Florentine: Naja, ich habe…

Besucherin 1 *sehr verärgert mit sich selbst redend:* Mit euch gehe ich noch einmal ins Theater! *Bemerkt die Ensemblemitglieder:* Oh, Entschuldigung! Ich hatte Sie gar nicht bemerkt. Die anderen, mit denen ich hier war, sind einfach ohne mich losgefahren. Und dabei habe *ich* die an Rosamunde Pilcher erinnert! Und das habe ich jetzt davon. Stehengelassen haben die mich!

Konrad: Sie arme!

Konstantin: Können wir Sie denn irgendwie trösten?

Anja: Setzen Sie sich doch zu uns! *Holt einen Stuhl.* Bitte sehr!

Besucherin 1: O danke schön! *Setzt sich:* Naja, eigentlich ganz schön, dass ich noch hier sein darf. Ich habe da eigentlich ein paar Fragen.

Florentine: Warum kein Pferd vorkam?

Konstatin *rammt ihr leicht den Ellenbogen in die Seite, bedeutet ihr, ruhig zu sein.*

Besucherin 1: Wie bitte?

Lisa: Ach nichts. Das war ein Missverständnis. Was haben Sie denn für eine Frage?

Besucherin 1: Eine? Ganz viele!

Konrad: Na, dann mal raus damit!

Anja: Wir sind alle ganz Ohr.

Kastasjan *kommt dazu, bemerkt die Besucherin, will fliehen, wird aber bemerkt.*

Besucherin 1: A, da ist er ja! Herr Regisseur, ich möchte Ihnen gratulieren. Es war wunderbar. Ich kann ihnen gar nicht genug für den wunderbaren Abend danken.

Kastasjan: Danke schön. Bitte schön.

Besucherin 1: Aber sagen Sie bitte: Die Josephine, ist die nicht.... Wie soll ich sagen...

Gotthold *grinsend*: Ja was denn? Was ist sie denn?

Anja: Zu unterwürfig?

Besucherin1: Die, das freche Ding? Nein, wirklich nicht.

Florentine: Zu unterdrückt?

Besucherin 1: Ich sage Ihnen, der Herr Flock kommt bei der unter einen sehr großen Pantoffel.

Gotthold: Der Herr van der Husen.

Besucherin 1: Ja, der auch, der ihr Pantoffel reicht für zwei Kerle.

Anja: Aber Flock war doch nur das Pseudonym.

Besucherin 1: Jaja, so was Schlimmes gibt es heute ja auch noch. Das man sich tarnen und verstecken muss. Der arme Mann.

Besucherin 2 *kommt mit den* ***übrigen Besucherinnen*** *suchend herein:* Beata? Ach, da bist du ja. Kommst du? Nur wegen dir kommen wir viel zu spät.

Besucherin 3: Sitzt hier rum und stört die Leute und macht, dass wir zu spät zum Film heimkommen.

Besucherin 1: Ja ja, ist ja schon gut, ich bin ja gleich fertig.

Besucherin 4: Lass dir Zeit, wir haben eh inzwischen genug davon. Der Film ist halb rum, bis wir zuhause sind.

Besucherin 1: Erzähl doch keinen Mist. Ich sehe doch fern über das Internet. Wir starten den neu oder schauen ihn in der

Mediothek.

Besucherin 4: Dann sag das doch gleich. Mann ey, und deshalb die Hetzerei.

Besucherin 3: Unsere Medienprofinutzerin, schau an.

Besucherin 2: Schau an, schau an. Wer hätte das gedacht.

Besucherin 1: Jetzt lasst mich doch mal was fragen. Herr Kastasjan: Warum ist die Josephine eigentlich so wild darauf, zu heiraten? Das ist doch heutzutage völlig überflüssig?

Kastasjan: Naja, sehen Sie, liebe Frau…

Besucherin 1: Kerkhoff, Beata Kerkhoff.

Kastasjan: Sehr angenehm, Frau Kerkhoff. *Schüttelt ihr die Hand.* Kastasjan, Gregorij Kastasjan.

Besucherin 1: Ich weiß, ich kenne Sie ja, ich war eben in Ihrer Inszenierung.

Kastasjan: Ach ja, waren Sie das? Das ist schön. Wie hat es Ihnen gefallen?

Besucherinnen *sehen einander verwirrt an.*

Kastasjan: Es freut mich, dass Sie alle da waren, meine Damen! *Schüttelt allen der Reihe nach die Hand.* Ich muss dann mal weiter. Beehren Sie uns bald wieder. *Ab.*

Besucherin 4: Was war das denn jetzt?

Besucherin 2: Und dafür verpassen wir Rosamunde?

Besucherin 3: Das war ja wirr.

Besucherin 1 *steht auf:* Ich denke, wir fahren dann mal. Also, nochmal ganz herzlichen Dank Ihnen allen für den schönen Abend.

Besucherin 3: Ja, es war ganz, ganz toll. Aber ich denke, den Maestro hat's arg mitgenommen. Er sollte sich schnell hinlegen und viel Tee trinken, damit er gut schwitzt. Das wird ihm guttun. Das baut Stress ab.

Besucherin 2: Aber wir kommen bestimmt wieder. Aber das nächste Mal vielleicht doch lieber wieder was mit Kostüm.

Besucherin 4: Ja ja, vielleicht oder vielleicht auch nicht. Jetzt kommt in die Puschen. Ich will heim und Chips essen und Filme gucken und chatten. Jetzt macht hin!

Besucherin 2: Ist ja schon gut!

Alle ***Besucherinnen*** *maulend ab,* ***Besucherin 4*** *schiebt notfalls dezent.*

Alle sehen ihnen schweigend und kopfschüttelnd nach.

Kastasjan *schaut vorsichtig um die Ecke:* Sind sie weg?

Gotthold: Ja, die Luft ist rein.

Kastasjan: Die halten mich jetzt zwar für völlig verblödet, aber ich hätte es nicht ertragen.

Lisa: Denen hätten Sie nur was vom Pferd erzählen müssen, dann wären die glücklich gewesen.

Kastasjan: Wie bitte?

Konrad: Seien Sie froh, dass Sie nur denen in die Hände gefallen sind. Eben waren fünf Kerle in der Vorstellung, die sich sehr enttäuscht nach dem fehlenden Bier umgesehen haben und wissen wollten, welche ‚Schnecke' hier die Erdnüsse verkauft.

Lisa: Glaub mir, ich habe denen sehr überzeugend die ‚Schnecke mit den Haifischzähnen' gespielt, als Sondervorstellung. Die sind kuriert. Fürs erste.

Anja: Dagegen waren die vier Damen doch sehr sympathisch.

Gotthold: Stimmt, Die konnten alle vier offensichtlich lesen, haben schonmal in Bücher geschaut und gehen regelmäßig ins Theater. Das ist eine ganz andere Klasse als die fünf Neanderthaler da eben.

Konstantin *grinst dreckig*: Allerdings. Wirklich sympathische Damen, besonders die eine, die mit…

Anja: Mann, kannst du mal mit dem Hirn denken, statt mit anderen Körperregionen?

Florentine: Versuchs einfach mal. *Drückt die Daumen:* Toi toi toi!

Kastasjan: Lasst mal gut sein. Und lasst mich bitte kurz allein. Ich muss da mal sehen, ob ich für heute schon alles überstanden habe.

Antonia: Ja, ich glaube, sie ist da. Und sie ist bis jetzt nicht gegangen, soweit ich gesehen habe.

Anja: Wer denn?

Konrad: Können wir helfen?

Kastasjan: Ja, indem ihr jetzt alle schnell geht. Ich glaube, ich höre sie.

Antonia: Stimmt, sie naht sich uns. Kommt, alle weg! *Schiebt* ***alle*** *anderen* ***bis auf Kastasjan*** *von der Bühne* ***ab****.*

Kurzer Rock; Beinkleider von gestreiftem Zeuge. || Tuchfrack; Tuchbeinkleider.

Szene 6

Regina *kommt herrisch herein, sucht jemanden, entdeckt Kastasjan.*

Kastasjan: Ach schau an, Frau Regina Schwarz-Unverhoft-Weiß! Sie hier? Ich meine, Sie *noch* hier? Ich hätte gewettet, Sie wären in der Pause gegangen? So lange durchgehalten?

Regina: Ja, allerdings. Ich habe mich gezwungen bis zum Ende zu bleiben, um abzuwarten, ob es irgendwann besser würde. Es wurde nicht besser. Ich bin empört. Sie haben nicht das Geringste dazugelernt.

Kastasjan: Wie immer, meine Liebe, wie immer. Aber keine Sorge, in unserer Zeit sind Sie damit in großer, wenn auch nicht guter, Gesellschaft. Wir leben ja im Zeitalter der gesamtgesellschaftlichen Dauerempörung.

Regina: Lassen Sie das, Herr Kastasjan! Sie sind nicht in der Position, mich zu kritisieren. Aber ich bin wie so oft in der Position, Sie wieder einmal zu kritisieren. Sie diskriminieren Frauen in diesem Stück! Ganz offen! Solch ein Stück kann man heute nicht mehr aufführen! Ist Ihnen das nicht klar? Was darin gesagt wird, kann man heute nicht mehr sagen!

Kastasjan: Ich diskriminiere Frauen mit diesem Stück? Ich? *Sie* tun doch so, als ob alle heutigen Frauen zu dumm sind zu wissen, dass das Leben für eine Frau im Biedermeier ganz anders war als heute und dass man deshalb alles ganz anders machen muss; und *Sie* wollen deshalb alle davor bewahren, noch ein altes Theaterstück überhaupt sehen zu können! *Sie* wollen doch bevormundende Zensur! So wie immer.

Regina: Das ist ja die Höhe! Zensur! Diskriminierung! Ich bin eine Frau, deshalb kann ich gar keine Frauen diskriminieren! Sie sind ja irre!

Kastasjan: Wenn Sie also z.B. wie bei der jungen Frau in Berlin, der aus Neukölln, einer Frau, die frei gewählt hat, Hausfrau und Mutter sein zu wollen, sagen, dass sie gefälligst das sein zu lassen hat und dass sie die Erziehung ihrer Kinder anderen Ausgebildeten überlassen soll, um selbst dem Arbeitsmarkt zur Verfügung zu stehen; wohlgemerkt, die Frau hat das selbst so gewählt, ohne Zwang; dann ist das…

Regina: …eine erforderliche geistige Hilfestellung zur Erkenntnis der zeitgemäßen Wahrheit, eine geistige Unterstützung und leichte Führung einer nicht vollständig informierten und bewussten Geschlechtsgenossin. Sonst nichts. Sobald sie verstanden hat, was man heute tun und meinen darf, handelt sie ja völlig unbeeinflusst und eigenverantwortlich. Zum Guten, zum Besseren und zum Besten darf man Menschen immer zwingen, das ist keine Diskriminierung, sondern Hilfestellung.

Kastasjan: Ach so ist das. Das klingt ja simpel.

Regina: Nicht simpel, sondern einfach logisch. Die Aufgabe des modernen Theaters ist es, nicht mehr vergangene Zeiten zu spiegeln, sondern neue Interpretationen der Zukunft zu zeigen, das Denken zu erweitern und Utopien zu verwirklichen. Das Alte muss zurückgelassen und vergessen werden. Das, was zählt, ist nur noch die Zukunft, das Neue; das, was vor uns liegt. Das ist die Aufgabe des Theaters heute, die einzige.

Kastasjan: Wow.

Regina: Jawohl. Theater darf niemals bewahren, es muss führen. Was gestern die Kirche war, ist heute die Bühne. Und deshalb ist Ihr Stück eine Beleidigung unserer Zeit. Was fällt Ihnen eigentlich ein, ein solches Stück, das bisher unbekannt war, einfach zu nehmen und an einer Provinzbühne uraufzuführen? Dafür sind Sie gar nicht ausgebildet, dafür gibt es Fachleute. Nicht Sie. Das Stück hätte in Berlin uraufgeführt und gleich interpretiert werden müssen, nicht hier in einem Kuhkaff, wo Sie allen Ernstes wenigstens ohne Kostüm, aber immer noch sogar mit Vorhang spielen. Sowas! Tststs, Vorhang! Das macht man heute generell nicht mehr, das ist grundsätzlich überholt! Vorhang geht nicht mehr! Nie!

Kastasjan: Und wenn‘s sinnvoll ist? So einen Vorhang kann man auch heute hilfreich und sinnvoll einsetzen, wenn er doch halt mal da ist.

Regina: Dann wurde das Stück falsch interpretiert, sonst wäre der veraltete Vorhang nicht sinnvoll! Basta! Vorhang *ist* heute nicht mehr sinnvoll. Generell. *Ist* so. Heute. *Generell.* Basta. Das macht man heute nicht mehr und deshalb ist das so.

Kastasjan: Darf ich fragen, wer das wo festgelegt hat, dass man das heute nicht mehr so macht?

Regina: Das weiß man, das ist so. Das erklärt sich von selbst.

Kastasjan: Achso. Das klingt logisch und selbstbestimmt.

Regina: Das moderne Theater kennt keinen Vorhang, keine Kulisse, keine Kostüme mehr. Was bin ich froh, dass Sie nackt gespielt haben. Alles andere wäre eine Zumutung gewesen. Kostüme am Theater. Wie sinnlos! Wie rückständig!

Kastasjan: Und wenn das Publikum das doch lieber haben möchte?

Regina: Dann, lieber Kastasjan, müssen Sie Ihr Publikum führen, erziehen. Das ist Ihre Aufgabe.

Kastasjan: Ich bin aber Regisseur, kein Lehrer.

Regina: Sie sind hier in der Provinz, also sind Sie in erster Linie Lehrer für die beharrende Landbevölkerung. Und außerdem, lieber Kastasjan, können Sie eigentlich gar nicht wirklich ein Regisseur sein, Sie sind nämlich ein Mann, und Männer verstehen Theater nicht so tiefgründig wie Frauen.

Kastasjan: Ui. Und das soll jetzt kein Sexismus sein?

Regina: Nein, natürlich nicht. Solange nicht mindestens gleichviele Frauen wie Männer Regie führen, solange kann keine Frau am Theater oder sonst wo etwas Sexistisches sagen oder tun. Wir Frauen haben ein Recht auf Jahrhunderte Dominanz den Männern gegenüber, wir haben da was nachzuholen. Denn Sexismus entsteht wie Rassismus grundsätzlich aus einem Machtgefälle heraus. Wenn ich als Frau etwas über die Unzulänglichkeiten der Männer sage, dann mag das für den Uninformierten ähnlich oder gleich klingen wie Sprüche über Frauen von Sexisten, nur weil es vielleicht der exakt gleiche Wortlaut ist, nur mit „Mann“ anstatt „Frau“. Aber meine Sätze sind Widerstand und Aufklärung. Wären wir Frauen in der Position, die Männer zu unterdrücken, dann könnte zum ersten Mal auch eine Frau etwas Sexistisches sagen. Absolut nicht vorher. Auch wenn der Satz bis ins Detail identisch wäre.

Kastasjan: Ich diskriminiere aber gar keine Frauen, soweit ich weiß.

Regina: Weil Sie ein Mann sind, Kastasjan. Sie als Mann diskriminieren grundsätzlich jede Frau; einfach, weil Sie keine Frau sind, aber eine Machtposition haben, die auch eine Frau innehaben könnte. Und müsste, weil sie eine Frau ist. Solange es *eine* arbeitslose Frau gibt, müssen die Männer alle hintenanstehen.

Kastasjan: Zeigen Sie mir *eine* Frau, die Ihnen im Geheimen verrät, dass ich sie heute diskriminiert habe. Zeigen Sie mir ein Bild von ihr, von mir aus anonymisiert. Nur ein einziges Bild einer solchen Frau.

Regina: Es ist die alte Rechnung aus den Jahrhunderten. Auch wenn Sie heute Frauen nicht diskriminieren, dann verdienen Sie es doch mit allen Männern, 10.000 Jahre lang diskriminiert zu werden, bis die Rechnung ausgeglichen ist. Sie haben einfach Pech gehabt, dass Sie heute leben. Die Frauen der letzten Jahrtausende haben es sich ja auch nicht ausgesucht.

Kastasjan: Sie müssen viel Verständnis haben für das Konzept der Blutrache. Sie argumentieren genauso.

Regina: Wie bitte? Sie Frauenfeind! Nehmen Sie sich als Mann tatsächlich noch immer das Recht heraus, eine Frau zu kritisieren, obwohl Sie nur ein Mann sind? Was maßen Sie sich an?

Kastasjan: O Entschuldigung, das wollte ich nicht. Mir etwas anmaßen, nur weil ich das falsche Geschlecht habe; das nämlich, das in Ihren Augen nicht den Mund aufmachen darf, weil es dazu gar nicht in der Lage ist, von Natur aus. Wie gut, dass die meisten Frauen nicht so sind, wie Sie. Vielleicht kann ich es besser erklären, wenn ich es mit etwas anderem erläutere, das ähnlich liegt. Wenn also z.B. ein Weißer sagt: ‚Alle Schwarzen sind Teufel!', dann ist das klarer Rassismus; aber wenn Malcolm X das exakt Gleiche über Weiße sagt, dann ist derselbe Satz plötzlich erlaubt und selbstverständlich kein Rassismus?

Regina: Jetzt haben Sie es verstanden, lieber Kastasjan. Denn der Satz ‚Alle Weißen sind Teufel', den Malcolm X bekanntermaßen prägte, ist ein Satz des Widerstandes und damit grundsätzlich legitim.

Kastasjan: Das heißt, wir sind dann jetzt schon wieder so weit, dass es nicht mehr drauf ankommt, *was* gesagt oder getan wird, sondern *von wem* und wer das Opfer bzw. der Betroffene ist? Es gibt also wieder legitime, richtige Opfer? Dieselbe Tat kann also wieder einmal richtig und falsch zur gleichen Zeit sein? Ich muss sie nur richtig erklären?

Regina: Es kommt nur auf den allein richtigen Standpunkt der Argumentation an.

Kastasjan: Wissen Sie, das kenne ich aus meiner Jugend. Ich bin nach der Flucht meiner Eltern aufgewachsen in der Sowjetunion Stalins. Dasselbe wie Sie haben sie Nazis und Stalinisten beide auch gesagt, wenn sie mordeten. Die Opfer waren immer schuldig im Sinne der jeweiligen Anklage. Sie rechtfertigen gerade generell Mord, denn jeder Mörder ist überzeugt davon, dass es immer einen Richtigen getroffen hat, der es sich selbst verdiente, ermordet zu werden.

Regina: Das ist ja wohl eine Unverschämtheit! Warum hassen Sie eigentlich alle Mensch*innen, die moderne, zukunftsorientierte Gedanken durchsetzen wollen? Warum wehren Sie sich so unglaublich gegen den unausweichlichen Fortschritt der Menschheit? Wenn Sie im Wege stehen, dann werden Sie beiseite geräumt werden, Kastasjan!

Kastasjan: Sehen Sie, genau deshalb gehe ich nicht mit Ihnen in Ihre angeblich so strahlende Zukunft. Sie wollen alle beseitigen, die Ihnen nicht bedingungslos zustimmen; Sie wollen keine Diskussion, Sie wollen undiskutiert recht haben. Notfalls behaupten Sie einfach, dieses oder jenes könne man heute nicht mehr so sagen. Stimmt nicht, ich hab's ausprobiert. Ich kann es immer noch sagen, ist ganz einfach.

Regina: Halten Sie den unverschämten Mund, Sie Schwätzer!

Kastasjan: Nein, das werde ich nicht. Weil Sie unrecht haben und kein Recht, mir zu befehlen. Sie wollen keine Meinungsfreiheit, sondern die Diktatur ihrer eigenen Ideen und Überzeugungen. Sie wollen wie alle Extremistinnen und Extremisten das Maß aller Dinge für alle sein. Und das sind Sie nicht. Nicht für mich. *Mir* sind Sie völlig egal. Und wissen Sie was? Ich habe das verbriefte Recht dazu, Sie egal zu finden. Und deshalb stelle ich mich Ihnen in den Weg. Denn Sie wollen mir dieses Recht nehmen, einfach anderer Meinung zu sein. Sie wollen Diktatur. Und ich werde niemals eine Diktatur unterstützen. Egal welche, egal unter welchem Vorwand. Ich verteidige meine Freiheit, und übrigens auch die Ihre, Frau Schwarz-Unverhoft-Weiß. Auch die Ihre. Nämlich Ihre Freiheit, meine Meinung nicht teilen zu müssen. *Ich* will für uns beide dieselbe Freiheit, *Sie* wollen nur die Ihre. Und deshalb habe ich recht und Sie nicht. Weil die Diktatur der *einen* Meinung niemals richtig sein darf und kann. Keine faschistische, keine kommunistische, keine der Männer, keine der Frauen, keine der Christen, keine der Muslime, keine der Buddhisten, keine der Atheisten, keine der Veganer, keine der Normköstler, keine der Theologen, keine der Philosophen, keine der Utilitaristen, keine der Metzger und keine der Ufologen, der Marsmännchen oder sonst irgendeine. Wo immer *meine* Freiheit weiter geht als die Ihre, da mache *ich* einen unverzeihlichen Fehler, wenn ich es zulasse und akzeptiere, dass ich mehr darf als Sie oder sonst ein Mensch. Und genauso anders herum. Ich werde deshalb weiterhin sprechen, *wie ich* es für richtig halte und werde sagen, *was* ich für richtig halte. Und *Sie* werden mir egal sein und bleiben. Und ich werde mir nichts verbieten lassen; nicht von Ihnen und auch sonst von keiner Privatperson oder Gruppe.

Regina: Und das *wagen* Sie sich mir als ein alter weißer Mann ins Gesicht zu sagen? Mir? Einer Frau? Das ist eine bodenlose Frechheit! Dazu haben Sie kein Recht der Welt! Sie haben zu schweigen! Ich habe recht! Nicht Sie! Wer sind Sie denn schon? Das, was ich gehört habe, ist eine einzige Ansammlung von schlimmsten Gedankenverbrechen[4]!

Kastasjan: Nein, das ist einfach meine Sicht auf die Welt, die aus meiner Kenntnis der Geschichte folgt, und auf die ich ein Recht habe, so wie Sie auf Ihre Sicht auf die Welt ein Recht haben. Ich lerne lieber aus den Fehlern der Vergangenheit, als aus denen der Zukunft, denn über die vergangenen weiß ich mehr und Sichereres.

Regina: Auf so einen rückständigen Mist kann man auch nur noch hier auf dem Land kommen. Wir in Berlin sind da geistig und intellektuell viel weiter! Wir sind moderne Philosophinnen und deshalb Fachleute dafür!

Kastasjan: Jaja, ihr in Berlin seid Fachleute für Philosophie wie für Flughafenbau. Immer wenn‘s daneben geht, habt ihr großartige Gründe, warum es ja eigentlich nicht klappen *sollte*. Der Berliner Flughafen hat ja wahrscheinlich auch nur solange gedauert, damit massenhaft aus Klimaschutzgründen Flüge eingespart werden konnten, ohne dass die Menschen es merkten. Und das lange vor Fridays for Future. Sehr vorausschauend. Klar doch, alles Plan. Nachtigall, ick hör dir trapsen.

Regina: Und so was kommt dabei raus, wenn man männlichen Landeiern das selbstständige Denken erlaubt. Solche Unverschämtheiten muss ich mir als Berlinerin nicht von so irgendeinem Mann aus Badenhaupt sagen lassen! *Sehr wütend ab.*

Kastasjan: Schade. Ich hatte gehofft, sie würde in irgendeinem

[4] George Orwell 1984

einzigen Punkt nur einen winzigen Millimeter weit erlauben, dass man sie nicht für Gott, äh, die Göttin natürlich, hält. Sie ist so verliebt in ihre eigene Unfehlbarkeit, dass ich in ihre Sphäre als Göttin eh nicht eindringen können würde. Sie ist ja in ihren Augen *so* weise, *so* überlegen, tatsächlich *so* einseitig informiert, *so* modern, *so* egoman, *so* ungeheuer westlicher Mensch unserer Zeit. Ich bin ja nur ein normaler sterblicher Mann mit einer eigenen Meinung. Schade. Sehr schade. *Ab.*

Die Ensemblemitglieder treten betroffen von der Seite auf. Man sieht ihnen an, dass sie das Gespräch mitgehört haben.

Florentine: Du meine Güte, der arme Kastasjan.

Konrad: Wer war das denn?

Antonia: Das ist… das war….

Konstantin: Ja, bitte?

Anja: Mach‘s nicht so spannend!

Antonia: Seine Exfrau.

Anja: Wie bitte? Und die siezen sich?

Lisa: Das meinst du hoffentlich nicht ernst!

Antonia: Ja, wieder. Seit ein paar Jahren.

Konrad: Und die heißt wirklich so?

Antonia: Ja, Regina Schwarz-Unverhoft-Weiß. Schwarz der Geburtsname und zuletzt mit einem Unverhoft-Weiß verheiratet.

Florentine: So einen Namen muss man sich doch stricken.

Lisa: Mit sehr heißer Nadel.

Gotthold: Es gibt ja Doppelnamen, die klingen richtig gut; aber der Abzählreim da?

Antonia: Früher hieß sie ja Kastasjan-Schwarz.

Lisa: Der Name des Mannes zuerst? Hat sie nicht aufgepasst?

Konrad: Klingt bei der wie ne Farbmischung aus dem Baumarkt. *Zählt an den Fingern auf:* Rauchschwarz, Mattschwarz, Kirschrot, Ebenholzschwarz, Kastanienbraun, Kastasjanschwarz,…

Anja: Lass gut sein, der Farbton wird sich nicht verkaufen lassen.

Gotthold: Ist die Friseurin?

Konstantin: Wieso das denn?

Gotthold: Die Haare auf ihren Zähnen wirkten sehr geordnet.

Antonia: Du glaubst gar nicht, wie die früher war. Noch viel energischer. Eben war die fast zahm.

Florentine: Der arme Kastasjan.

Lisa: Aber warte mal, der ist doch noch gar nicht so lange in Deutschland? Wann waren die denn verheiratet?

Antonia: Vom 3.2.2018, 9.50 Uhr bis zum 19.2.2018, 16.04 Uhr. Sie fand ihn nach zwei Wochen unerträglich mit seinen Ansichten. Dann hat sie eine Express-Aufhebung der Ehe durchgesetzt, keine Ahnung, wie. Und sie hat die Anrede ‚Sie' anwaltlich festschreiben lassen.

Florentine: Der arme Kastasjan.

Antonia: Und seitdem hat er die Schnauze voll von der Ehe. Ist so. *Traurig ab.*

Gotthold: Wenn wundert's. Mich jedenfalls nicht.

Anja: Naja, das ist ja nicht so schwer zu verstehen.

Konrad: Aber es hatte doch den Anschein, als wüsste er genau, dass zum Glück nicht alle Frauen so sind.

Lisa: Allerdings sind wir das nicht! Vergiss das nicht, mein Lieber!! Ich bin zwar auch eine selbstbewusste Frau, aber du darfst trotzdem ein Mann sein, wenn dir das lieber ist.

Anja: Wisst ihr, ich glaube es war mein zweitliebster Philosoph: der direkt nach meinem liebsten Philosophen, Loriot; nämlich Heinz Erhardt, der einmal bemerkte, es sei noch immer die schwierigste Sportart, sich selbst durch den Kakao zu ziehen.

Konrad: Heinz Erhardt und Loriot sind für dich Philosophen?

Anja: Na, aber deutlich mehr als mancher andere.

Florentine: Das finde ich aber auch. Für mich ist alles, wo einem das Lachen vergeht, keine echte Philosophie.

Konstantin: Das kann man so aber nicht sagen. Dann wäre Ernsthaftigkeit ja plötzlich das Einzige, was man unter allen Umständen vermeiden muss.

Gotthold: Ach weißt du, im Moment sind doch alle so ernsthaft, dass man nur darüber lachen kann.

Lisa: Stimmt. *Steht auf.* Lasst mal chillen, wie mein Großer sagen würde. Lasst mal entspannt bleiben. Ich denke, wir sollten uns selbst hin und wieder mal erlauben, allen anderen zu erlauben, eine andere Meinung zu haben als meine eigene überaus wichtige,

Gotthold: Allerdings; und bevor wir uns über unsere unfassbar unüberwindlichen Probleme erregen, lass uns mal einen Blick in die Welt wagen, woraus ein Alltag noch so bestehen kann, bevor wir meinen, wir in Mitteleuropa seien die bemitleidenswertesten aller Menschen. Wenn ich Nachrichten gucke, habe ich den Eindruck, dass könnte falsch sein.

Lisa: Blöder Miesepeter. Ich mag meine Probleme am liebsten.

Anja: Sollte das gerade schlau sein, was du da gesagt hast? Wenn das die Lösung für irgendwas sein soll, dann will ich meine Probleme wiederhaben.

Gotthold: In meiner Schule in Herborn stand ein Satz an der Wand, den ich immer mitgenommen habe. Leider steht er im Neubau nicht mehr da, was typisch für heute ist. Er ist uralt, er ist auf Latein und er stammt vielleicht von einem christlichen Heiligen, also alles angeblich Mist und trotzdem so wahr.
In necessariis unitas.
in dubiis libertas.
in omnibus caritas.
Das ist für mich echte Philosophie. Die bringt mir was. Damit kann ich was anfangen.

Konrad: Hä? Das ist ländlich-hessische Kurzphilosophie und heißt auf Stadtdeutsch: Entschuldigen Sie bitte, ich habe das nicht verstanden, könnten Sie das bitte mal wiederholen oder übersetzen? Also: Hä?????????

Anja: Also, ich bin ja gar keine Hessin, ich bin aus Hannover, ich spreche reinstes Hochdeutsch als Heimatdialekt.

Konstantin *tätschelt ihr die Hand:* Ist ja schon gut.

Lisa *fühlt ihr von hinten nach vorne greifend scheinbar an der Stirn das Fieber, ruft nach hinten:* Kann mal einer den Arzt rufen?

Florentine *tätschelt ihr die Wange:* Beruhig dich, wir haben dich alle trotzdem lieb, auch als Hannoveranerin.

Anja: Könnt ihr mich bitte alle mal in Ruhe lassen? *Schüttelt die anderen ab.*

Gotthold: Also gut, für die Hessischen und sonstigen Nichtlateiner: So heißt der Satz auf Deutsch:
Im Notwendigen Einigkeit.
Im Zweifelhaften Freiheit.
In allem aber Nächstenliebe.

Lisa: Hmm, kann man so lassen, glaube ich.

Florentine: Klingt zumindest nicht total bekloppt.

Konstantin *steht auf, klopft* ***Anja*** *auf die Schulter:* Lass uns heimgehen und den Abend vergessen. War nix dabei, woran man sich erinnern sollte. So ne Blamage!

Anja: Ich weiß nicht, ein bisschen was hatte es ja schon. So geschraubte Sprache in nackt.

Konstantin: Wir können‘s ja mal in einer Sauna aufführen. Da hätte ich Lust drauf. Sowas hatte ich noch nie als Herausforderung.

Lisa: Genau, aber wir in Kostüm und das ganze Publikum nackt. Das wäre doch mal ein Spaß.

Konrad: Aber nur für uns, nicht für das Publikum.

Anja: Naja, mit Biedermeierkleid in der Sauna? Ich weiß ja nicht.

Alle sehen übers Publikum.

Florentine: Nacktes Publikum?

Lisa: Alle? Komplett nackt?

Konstantin: Seid ihr sicher? *Sieht sich um.*

Gotthold: Naja, schlimmer als *wir* kann der Anblick ja auch nicht sein.

Konrad: Aber für uns wäre es doch ungewohnt. Immerhin dürfen wir uns nicht vor dem Anblick so erschrecken, dass wir den Text vergessen.

Lisa: Ach, wäre das bei dir so ungewöhnlich?

Konrad: Ja, wäre es. Ich kann meine Texte, im Gegensatz zu…

Anja: Leute, hört doch mal auf zu streiten. Das Stück ist vorbei und wir sind gerade bei der Vorstellung einer Vorstellung vor nacktem Publikum.

Gotthold: Wäre bestimmt mal was Neues.

Lisa: Ne, garantiert nicht. Hat's mit Sicherheit schonmal gegeben.

Florentine: Und zwar wahrscheinlich ein Dutzend Mal oder öfter. Das ist bestimmt an manchen Bühnen ehr die Regel als die Ausnahme.

Konstantin: Nur halt in Berlin, London oder Paris. Nur nicht in der Provinz. Wir kriegen halt nix hin hier auf dem Land außer sinnlosem Klamauk.

Florentine: Eben. Nichts Ernsthaftes. Nur Klamauk.

Alle ab.

Licht aus

Ende

Text aus dem Platzheft der Aufführungen November 2021

In Necessariis Unitas,

in Dubiis Libertas,

in omnibus Caritas!

Im Notwendigen Einigkeit;

im Unsicheren Freiheit;

in allem aber Nächstenliebe!

(dem Hl. Augustinus zugeschrieben)

Ich würde mir so sehr wünschen, dass wir als Bürgerinnen und Bürger einer echten Demokratie wieder dahin kämen, diesen Spruch als Motto zu akzeptieren und uns wieder darauf einigen zu können, dass die Allgemeine Erklärung der Menschenrechte für wirklich alle Menschen gilt:

Dass es überhaupt keine schlechte Hautfarbe gibt; dass es kein minderwertiges Geschlecht gibt; dass wir nicht versuchen, Rassismus, Sexismus und andere falsche Einstellungen zu überwinden, indem wir die Gesellschaft immer feiner und spezieller nach Hautfarbe und Geschlechtsidentität zersplittern und über nichts mehr reden als über Hautfarben und

Geschlechter; dass es unwidersprochen richtig ist, dass alte weiße Männer exakt dasselbe dürfen und nicht dürfen wie junge schwarze Frauen, weil es egal sein sollte, ob ein Mensch ein alter weißer Mann oder eine junge schwarze Frau ist; dass niemand jemand anderem vorschreibt, wie man zu sprechen oder zu schreiben hat; und dass wir es aufgeben, echten Idioten, rechten wie linken wie allen anderen, ihr Doofsein verbieten zu wollen. Das hat noch nie in der gesamten Menschheitsgeschichte funktioniert. Gegen Dummheit hilft das Schwert der Demokratie: die Diskussion, nicht das Verbot. Der freie Austausch von Meinungen und Haltungen und die Einigkeit der toleranten Nichtidioten.

Über Extremismus muss es erlaubt sein, laut und befreit zu lachen, um ihn der Lächerlichkeit preiszugeben, die ihm zusteht. Und zwar jeder Extremismus, egal welcher Spielart. Wer immer das Spiel „Divide et impera!“, also „Teile und herrsche!“ spielt, dem muss in einer Demokratie widersprochen werden dürfen.

Nicht teilen und herrschen, sondern Einigkeit im wirklich Guten. Was wirklich gut ist, das muss nicht mit Verboten erzwungen werden, denn es erschließt sich von selbst ganz logisch jedem Menschen, der es schafft und bereit ist, die Toleranz, die für ihn selbst gelten muss, auch allen anderen Menschen zu gewähren. Deshalb dieses Theaterstück, das sicherlich ein wenig ungewöhnlich ist für das Schenkbarsche Hoftheater. Aber vielleicht auch ein bisschen nötig in unserer ungewöhnlichen Zeit.

Mir wurde erschreckend oft gesagt, ich sei mutig, dieses Theaterstück aufführen zu wollen. Ich will im Jahr 2021 in Deutschland nicht mutig sein müssen, offen meine Meinung zu sagen. Dass ist mein Recht, wie das aller anderen Menschen auch. Demokratie muss schützen, nicht Mut erfordern.

Ich darf frei sprechen wie Rezo, der Vorhersagbare, auch.

Lassen Sie uns weiterhin gemeinsam freie Demokratie wagen!

Christoph Kaiser, im November 2021

"Die Freiheit des Wortes gilt nicht nur für mich und meinesgleichen. Meinungsfreiheit heißt nicht, dass Sie das Recht haben auf meine Meinung, sondern Sie haben das Recht auf Ihre Meinung. Die Freiheit des Wortes, die Freiheit der Kunst muss man im Zweifelsfall auch nicht nur gegen die Bösen und gegen die Mächtigen verteidigen, wenn es nötig ist, sondern manchmal auch gegen die Guten. Denn die Freiheit des Wortes gilt auch für das dumme Wort. Die Freiheit der Kunst gibt es auch für die Bescheuerten."

Deniz Yücel im Interview mit dem HR zu seiner Wahl zum Präsidenten des

deutschen PEN-Zentrums

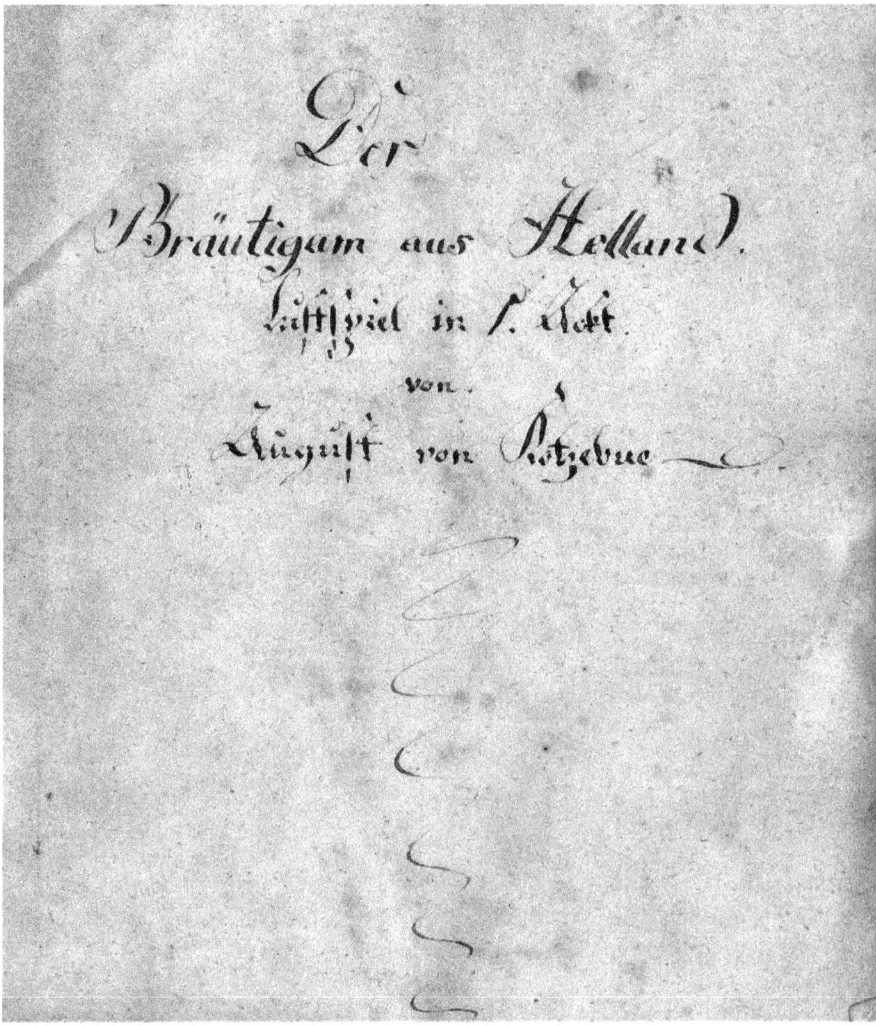

Der
Bräutigam aus Holland.
Lustspiel in 1. Act
von
August von Kotzebue

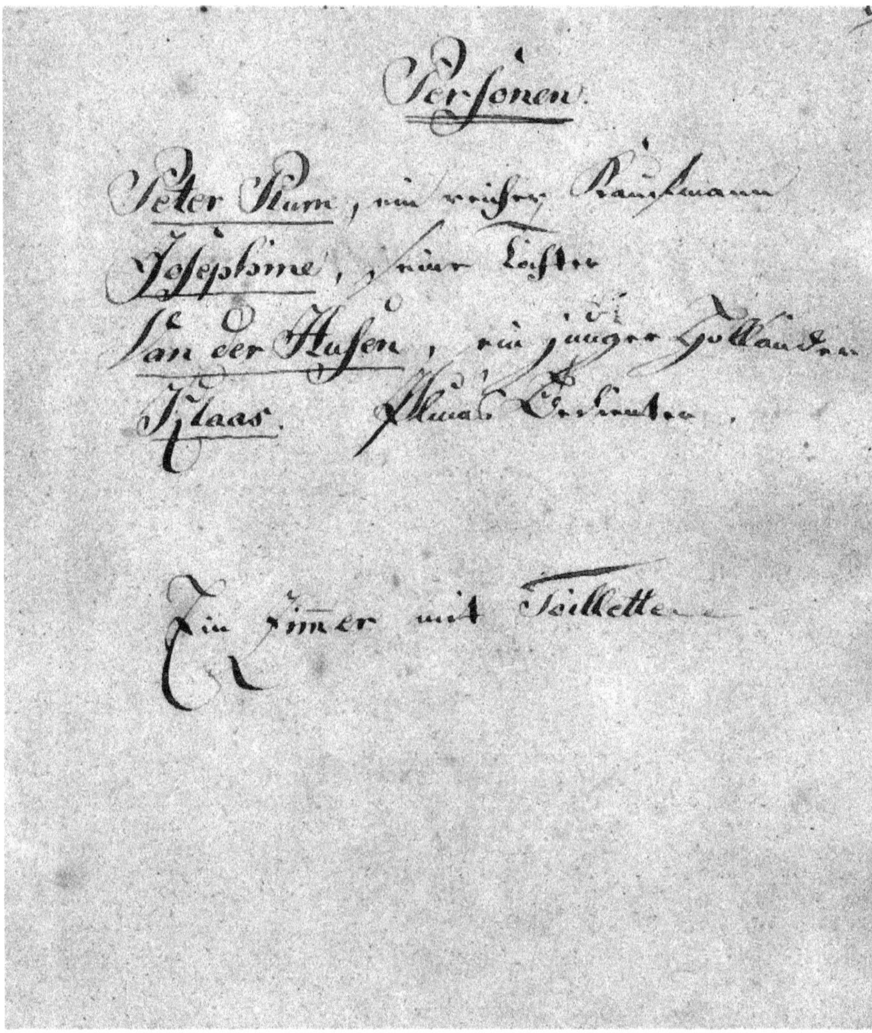

Personen.

Peter Sturm, ein reicher Kaufmann

Josephine, seine Tochter

Van der Husen, ein junger Holländer

Klaas, dessen Bedienter.

Ein Zimmer mit Toillette

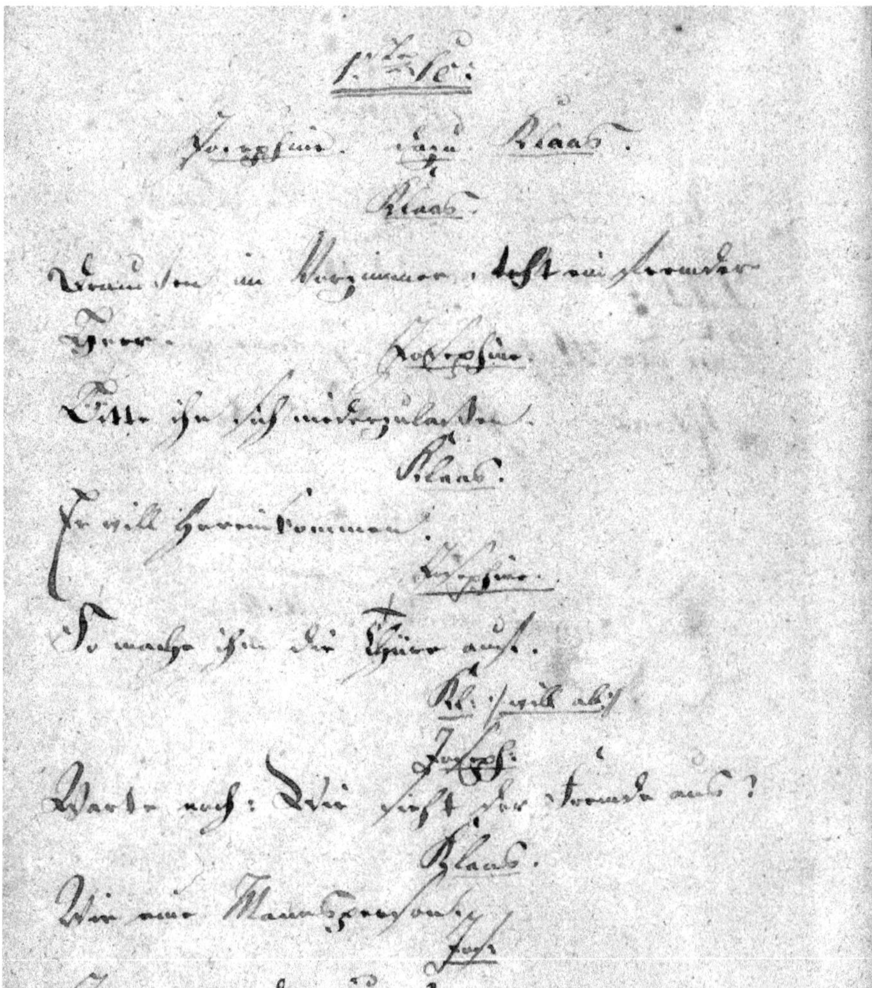

1te Sc:

Jungfern. und Klaus.

Klaus.

Draußen im Vorzimmer steht ein fremder Herr.

Jungfern.

Bitte ihn sich niederzulassen.

Klaus.

Er will hereinkommen.

Jungfern.

So mache ihm die Thüre auf.

Kl. (will ab)

Jungf.

Warte noch: Wie sieht der Fremde aus?

Klaus.

Wie ein Mannsperson.

Jungf.

Ist er alt oder jung?

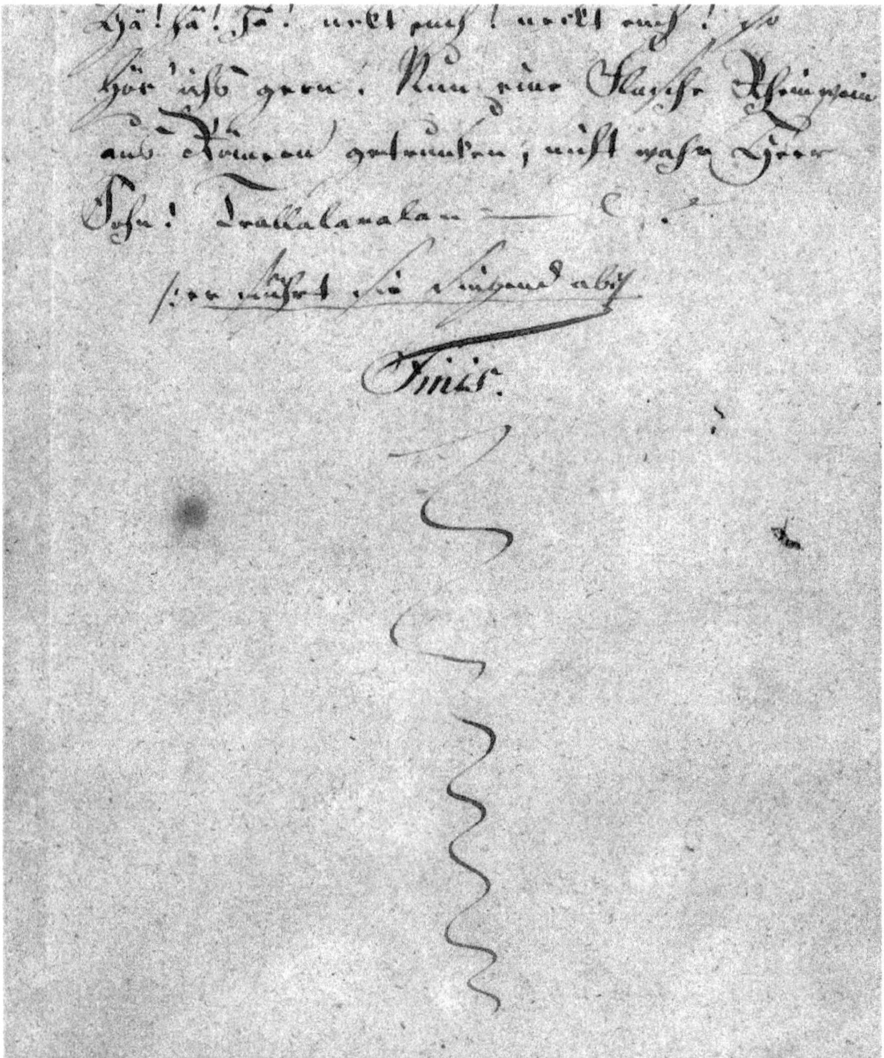

Finis.

Theaterstücke von Christoph Kaiser:

Die Herren von Schloss Katzenbach;
Ein Geisterstück, basierend auf Geister? Geister! Geister???
ISBN 9789463864213

Dreimal ein Phönix; Über den dritten Stadtbrand Biedenkopfs
1717 ISBN 9789463860246
mit den Bildern der Aufführung ISBN 9789463866422

Geister? Geister! Geister??? Ein Geisterstück über einen
Schlosskauf ISBN 9789463860307

Die drei Schwerter; Eine Zeitreise in neun Szenen
ISBN 9789463860529

Einakter und Szenen aus Hessen; Kurze Theaterstücke meist aus dem
hessischen Hinterland ISBN 9789463861892

Stille, in die Regen fällt; eine kurze Szene über das eigene
Paradies. ISBN 9789463862745

Selavinia oder Zwei Orte, eine Zeit; ein Theaterstück über Gerechtigkeit und Unrecht, Reichtum und Armut; über die zeitgleichen Welten auf dem Planeten Erde; und über Beziehungen und verpasste Chancen.
ISBN 9789403604138

1631; Ein Stück über den Prozess gegen die Biedenköpfer Hexe
Henrich Sangen ISBN 9789463863018
und
ISBN 9789463987356 (mit Bildern aus dem Film)

Klamauk, Klamauk! Über das Theater, Kultur und das, was man sagen darf. Mit einem unveröffentlichten Einakter von August von Kotzebue.
ISBN 9789463980142

Schloss Breidenrössl am Perftalsee oder Miss Merwel und Monsieur Purée; ein Coronafilmprojekt, Das Textbuch zum Film.
ISBN 9789403627649

Weitere Bücher von Christoph Kaiser

Bauerntracht in Wandel und Beharrung; Über die Tracht im Untergericht des Breidenbacher Grundes
Diplomica-Verlag 2013 ISBN 9783958508095

Tracht als veränderliche Kleidung, beschrieben anhand der Trachten des Hessischen Hinterlandes, insbesondere der Tracht des Untergerichts des Breidenbacher Grundes. Landkreis
Dabei ist nicht alles, was Marburg - Biedenkopf
Grin-Verlag 2008 ISBN 9783640188574

Dreimal ein Phönix, Erzählung; basierend auf dem Theaterstück zum dritten Stadtbrand Biedenkopfs 1717
ISBN 9789463864527

Die Herren von Schloss Katzenbach, Erzählung; basierend auf dem gleichnamigen Theaterstück.
ISBN 9789463866446

Der Umgang des öffentlich-rechtlichen Fernsehens in Deutschland mit esoterischen Inhalten. Studienarbeit
Grin-Verlag 1998 ISBN 9783640215522

Hinterländer Haiku; 30 Gedichte in je drei Zeilen.
ISBN 9789463982214

Hinterländer Winterhaiku; 32 Gedichte in je drei Zeilen über den Winter um Biedenkopf
ISBN 9789463980746

Frühlingshaiku aus dem Hinterland; 33 Haiku über die Landschaft rings um Biedenkopf, das Osterfest und das Erwachen des Lebens.
ISBN 9789463987455

Sommerliche Hinterlandhaiku; Sommer in siebzehn Silben
ISBN 9789403601076

Herbsthaiku aus dem hessischen Hinterland; Herbst in Silbenform
ISBN 9789403609911

Der vierte König Bogomil; Eine Erzählung über den vierten König, der das Jesuskind suchte. ISBN 9789463982436

Bogomil the fourth king; A tale about the fourth king searching for the newborn child. According to an old Russian story.
ISBN 9789403610375

1631 Erzählung; Über den Tod der Biedenköpfer Hexe Henrich Sangen, nach der Originalakte ISBN 9789463982733

Werde ich ein Schmetterling sein? Maja und der Tod.
Wie redet man mit einem Kind über den Tod?

ISBN 9789463986076 (Taschenbuch)
ISBN 9789463984379 (gebunden)

Lass uns doch Suraten wommeln, umbimte das Taruppel; ein Sprachspiel und -spaßbuch für Kinder und Erwachsene

ISBN 9789403600864

Sammelsurium; Texte, für die sonst nirgendwo Platz war. Unmodern!

ISBN 9789403610351

Sammelsurium 2; gebrochen, zerbrochen, geheilt.

ISBN 9789403621524

Carl Mauritz Frey von Dehrn vom Hoff: Ein Zug durch Stadt und Wald; Über den Grenzgang und das M-Wort von Biedenkopf

ISBN 9789403611853

Carl Mauritz Frey von Dehrn vom Hoff: Genderstern; Das Bastelbuch passend zum Thema

ISBN 9789403627731

Alle Bücher erhältlich im Buchhandel und unter publish.bookmundo.de/christophkaiser